ENNO MÜNSTER

Mama mäht sich unter den Armen

GOLDMANN
Lesen erleben

Buch

Enno Münster war immer wieder aufs Neue entzückt über die originellen Sätze seiner Tochter Mia und ihrer kleinen Freunde. Also begann er, deren Wahr- und Weisheiten zu sammeln – zunächst nur fürs eigene Album, bald aber ganz öffentlich auf der Website »kinderspruch.de« und der dazugehörigen Facebook-Seite. Die Resonanz war gewaltig: Aus allen Ecken der Republik tragen ihm seither ganz normale Menschen die gesammelten Sprüche ihrer Kleinen zu. Wie sein erstes Buch »Oma hat Reservehaut am Arm« zeigt auch dieses Buch, wie viel Witz, Fantasie und ungewollte Poesie in den Sätzen unserer Kinder steckt. Sie eröffnen uns einen neuen, oftmals viel genaueren (und lustigeren) Blick auf die Welt.

Autor

Enno Münster ist Papa, Kaufmann und Jurist und betreibt nebenbei die enorm erfolgreiche Webseite »kinderspruch.de«. Mittlerweile hat diese über 65.000 Fans auf Facebook, Tendenz steil steigend.

Außerdem von Enno Münster im Programm

Oma hat Reservehaut am Arm

auch als E-Book erhältlich

ENNO MÜNSTER

Mama mäht sich unter den Armen

Kindersprüche unzensiert

GOLDMANN

MIX
Papier aus verantwortungsvollen Quellen
FSC® C014496

Verlagsgruppe Random House FSC® N001967

Dieses Buch ist auch als E-Book erhältlich.

1. Auflage
Originalausgabe Mai 2020

Neumarkter Str. 28, 81673 München
Umschlag: Uno Werbeagentur, München
Umschlagmotiv: FinePic c/o Zero Werbeagentur
Satz: Satzwerk Huber, Germering
Redaktion: Nadine Lipp
Druck und Bindung: GGP Media GmbH, Pößneck
Printed in Germany
CH · Herstellung: CF
ISBN 978-3-442-17862-9
www.goldmann-verlag.de

Besuchen Sie den Goldmann Verlag im Netz

Inhalt

Vorwort

Als meine Tochter Mia (damals 5) zur Spruchmaschine wurde, kam ich mit dem Notieren ihrer Sätze kaum hinterher. 2014 erstellte ich eine Facebook-Seite und eine Webseite (www.kinderspruch.de) rund um Kindersprüche. Andere Eltern ermutigten mich dazu, da auch ihre Kleinen viele lustige Dinge gesagt hatten, sie hatten sie aber vergessen, weil sie sie nicht gleich aufgeschrieben haben. Mit einer digitalen Online-Sammlung wollte ich Abhilfe schaffen, ich hätte aber nicht erwartet, auf so viel Resonanz zu stoßen.

Viele Eltern, Großeltern, Onkel, Tanten, Geschwister und viele andere Menschen, die Kinder lieben, beteiligten sich an der Sammlung von Kindermundsprüchen und sendeten mir viele Sprüche zu. Mittlerweile sind es mehr als 4000, und die Facebook-Seite hat über 65 000 Fans.

Nach meinem ersten Buch »Oma hat Reservehaut am Arm« ist dies nun das zweite Buch mit neuen Kindermund-Sätzen. Denn die Kleinen überraschen mich immer wieder mit neuen, schrägen, lustigen oder nachdenklichen Bonmots.

Viel Spaß beim Lesen und beste Grüße
Enno Münster

Schwangerschaft & Geburt

Mama und Papa heiraten bald, Luca (10) möchte unbedingt ein Geschwisterchen. Gespräch im Auto:
Luca: »Hey, ihr heiratet ja bald! Könnt ihr euch dann aussuchen, ob ihr noch ein Kind wollt … oder kommt das dann?«
Mama: »Das passiert, wenn man es will.«
Luca: »Alles klar, ICH WILL das! Sagst du mir, wenn du was spürst? Dann fütter ich das Kind!«

Eine Erzieherin fragt ihre Kollegin, was man denn frisch gebackenen Eltern Schönes schenken könnte.
Leo (5) antwortet ungefragt: »Plätzchen!?«

Mama: »Ich hab heute Nacht geträumt, dass ich noch ein Baby hatte!«
Philipp (7): »Und dann bist du wieder ganz schnell aufgewacht, weil du einen Albtraum hattest?!«

Rico (4), nachdem er erfährt, dass sich das ungeborene Baby vom Mutterkuchen ernährt: »Und wer hat den gebacken?«

Lara (4) als ihr neugeborener Cousin Ben zu Besuch ist: »Als ich ein kleiner Ben war, hab ich auch nur geschlafen und gegessen.«

Dominic (3) bestaunt ein Neugeborenes und sagt dann nachdenklich: »Oma, der Jakob ist, glaube ich, auch ein Mensch.«

Pete (6), interessiert, zur bevorstehenden Geburt seines Brüderchens: »Und was passiert mit der Nabelschnur nach der Geburt? Kann man die dann noch mal benutzen?«

Lisa (5) betrachtet die kleinen Kinder auf der Neugeborenenstation und fragt: »Sind die auch geimpft und gechipt?«
(Sie hat vor Kurzem eine Katze aus dem Tierheim bekommen.)

Isabell (6): »Es ist gut, dass die Babys im Bauch der Mutter sind. Da ist es warm und kuschelig, und sie können da nicht geklaut werden, oder?«

Mutter über Lasses Mama: »Sie ist schwanger und hat einen großen Bauch. Lasse kriegt bald ein Brüderchen.«
Emilia (3): »Ich auch! Du hast auch einen großen Bauch! Und Papa auch!«

Tante: »Na, freust du dich schon auf deine Schwester?«
Ida (3): »Ja!«
Tante: »Auf was freust du dich denn am meisten?«
Ida: »Dass Mami mich wieder tragen kann!«

Julian (3) weint gerade, weil seine Schwester Marie (5) zuerst in Mamas Bauch war und er nicht zuerst in den Bauch reindurfte.

Emilia (4) zur schwangeren Mama: »Darf ich mir aussuchen, ob es ein Junge oder ein Mädchen wird?«
Mama: »Nein, das geht nicht.«
Emilia: »Okay, dann aber wenigstens die Farbe.«

Gabriele (6): »Weißt du, um wie viel Uhr du geboren bist?« Fiona (6): »Nein, aber das muss abends gewesen sein, weil meine Mama ist voll der Morgenmuffel.«

Ida (3), fünf Stunden nach der Geburt ihrer Schwester: »Mami, hier gibt es einen tollen Springbrunnen. Kannst du bitte bald noch ein Baby bekommen, damit wir wieder da spielen können?«

Mama (schwanger): »Soll das Baby ein Junge oder ein Mädchen werden?«
Erika (5): »Nee, lieber eine Katze.«

Felias (3): »Mama, was ist das?« (Er zeigt auf die Schwangerschaftsstreifen).
Mama: »Das ist kaputtgegangen, als ihr in meinem Bauch wart.«
Darauf Anna (9): »Das ist nicht kaputt, sondern nur ein bisschen ausgeleiert.«

Klara (5) und Mama sind bei einer Freundin, die gerade Mutter geworden ist. Klara lauscht, wie sich die beiden über die Geburt unterhalten, und sagt dann: »Oh Mama, das musst du nicht rauskacken, weißt du, wir bestellen uns lieber ein fertiges Baby!«

Marla (4) zu ihrer Tante: »Wir müssen uns mal wieder unbedingt treffen …«
Tante: »Okay, das machen wir, wo denn?«
Marla: »Na im Stadtwald.«
Tante: »Okay, Schatz, machen wir.«
Marla: »Aber der Kleine muss mit!«
Tante: »Ja, aber der kommt doch erst im Oktober.«
Marla: »Na, im Bauch natürlich, da kommt der mit.«

Ida (4) guckt auf Mamas Bauch: »Mama, wann bekommst du ein Baby?«
Mama entsetzt: »Ida, Mama bekommt kein Baby mehr!«
Ida: »Ach so, Mama, dann bekommst du ein Essens-Baby.«

Bei Omas Geburtstag flüstert Klara (5) Mama ins Ohr: »Mamaaa, Opas Bauch ist so dick, ist Opa schwanger?«

Sina (4): »Kinder werden aus Babys gemacht.«

Im TV wird gerade ein Heiratsantrag vorbereitet. Der werdende Bräutigam erklärt dem Moderator: »Wir haben uns vor zwei Jahren kennengelernt, ein Jahr später kam unsere Tochter auf die Welt …«
Jasmin (8) ganz entsetzt: »Hä!? Mama, bei dir hat es nur neun Monate gedauert!«

Mama fragt Enrico (6): »Wünschst du dir ein Brüderchen oder ein Schwesterchen?«
Enrico: »Das ist mir eigentlich egal – Hauptsache, das Baby ist gesund.«

Mama: »Möchtest du eine Babykatze haben, wenn wir im neuen Haus wohnen?«
Alessio (2): »Nein, Buda.« (Bruder)

Nora (4): »Mama, weißt du, warum Kinder keine Kinder kriegen können?«
Mama: »Nein.«
Nora: »Na wegen der dreckigen Hände, sonst haben die Babys immer Sand in den Augen …«

Die Wehen bei der Mama gehen los. Felix (4) rennt ganz aufgeregt durch die Wohnung und ruft: »Mama, wir müssen ganz dringend den Zahnarzt anrufen. Der holt das Baby.«

Die Schwägerin hat entbunden.
Mama zu Papa: »Oh, die Arme hatte einen Kaiserschnitt.«
Thea (8) sitzt in der Ecke und malt. Plötzlich der Kommentar: »Das Kind muss ja komisch aussehen.«
Mama: »Wieso?«
Langgezogener Ton von Thea: »Na Kaiserschnitt!«
Mama: »Was stellst du dir darunter vor?«
Thea: »Na irgendeinen doofen Haarschnitt.«

Birte (4), nachdem ihre Schwester auf die Welt gekommen ist: »Endlich ist MEIN Baby auf die Welt gekommen.«

Luis (6) sieht in seine Unterhose und ruft hocherfreut: »Maaaama.... Ich hab schon zwei Bälle, ich bekomm also zwei Kinder!«

Selina (6): »Babys liegen mit dem Kopf nach unten im Bauch, damit sie atmen können.«

Die Tante ist schwanger, Keyla (4) zu ihr: »Du musst mal einen Kopfstand machen, damit das Baby auch mal rausgucken kann.«

Justin (3) schaut bei den Großeltern Tierserien. Plötzlich kommt er ganz erschüttert und bitterlich weinend ins Esszimmer und sagt: »Mama, Mama, jetzt weiß ich, wie ich in deinen Bauch gekommen bin! Ich war ein Ei, und du hast mich einfach runtergeschluckt.«

Ida (noch 4): »Mami, vergiss nicht, dass ich übermorgen Geburtstag habe!«
Mama: »Keine Angst, ich vergesse deinen Geburtstag nicht. Stell dir vor, ich war bei deiner Geburt dabei.«
Ida, mit weit aufgerissenen Augen: »IN ECHT?«

Simon (5): »Mama, ist in deiner Brust noch Milch drin?«
Mama: »Nein, mein Schatz, da ist nur Milch drin, wenn man ein Baby bekommt.«
Simon: »Aber in deinem Bauch ist doch ein Baby.«
Mama: »Nein, da ist keines drin.«
Simon: »Och, schade.«
Mama: »Sei froh, das würde abends immer schreien, wenn du schlafen willst.«
Simon: »Das ist nicht so schlimm, dann nehme ich es mit zu mir ins Bett.«

Aaron (4): »Mama, wann habe ich endlich Geburtstag?«
Mama: »Das dauert noch bis Ende des Jahres.«
Aaron: »Ich will aber jetzt Geburtstag haben.«
Mama: »Nein, das dauert noch etwas.«
Aaron: »Warum hast du mich denn nicht eher aus deinem Bauch rausgelassen? Dann hätte ich jetzt Geburtstag.«

Mama spricht mit Jana (3) über den kommenden Nachwuchs. Jana: »Es wird bestimmt ein Junge, ich nenne ihn Elsa.«

Eleni (4), die gerade ein Geschwisterchen bekommen hat, sieht einen korpulenten Mann und fragt: »Wann kommt denn bei dir das Baby?«

Oma: »Mel, hättest du denn gerne eine Schwester oder einen Bruder?«
Melanie (7), sauer: »Ja, ICH hätte gern noch ein Schwesterchen, aber Mama nimmt ja immer Tampons.«

Es ist Sommer. Mama ist hochschwanger.
Milo (3): »Mama, bitte Fangen spielen?«
Mama: »Ich kann nicht Fangen spielen, höchstens rollen.«
Milo: »Mama, okay, Rollen spielen ist auch gut.«

Marlon (4) lauscht am schwangeren Bauch von Mama und sagt zu ihr: »Psst, Ruhe, das Baby spricht zu mir.«
Mama: »Was sagt es denn?«
Marlon: »Großer Bruder, hol mich hier raus.«

Elina (5): »Wenn Frauen alt werden, können sie keine Eier mehr legen.«

Juna (3) sieht ein Foto, auf dem Mama schwanger ist: »Da bin ich in deinem Bauch.«
Mama: »Nein, auf dem Bild war deine große Schwester in meinem Bauch.«
Juna: »Oh, dann war ich in Papas Bauch.«

Florian (10) und sein Bruder Lukas (7) schauen sich »Es war einmal das Leben« an, Folge: »Die Geburt«. Die Spermien rennen gerade um die Wette zur Eizelle.
Florian zu Lukas: »Hey, ich war beim Rennen damals schneller als du!«
Mama: »Nein, Lukas war bei deinem Rennen nicht dabei. Der war erst drei Jahre später beim Rennen.«
Florian: »Mhh ... Wie oft finden denn solche Rennen überhaupt statt?«

Nathalie (3), etwas genervt von ihrem vor Kurzem geborenen Bruder Jonathan: »Wann geht der wieder in den Bauch zurück?«

Sila (4) klopft an den Bauch der schwangeren Mama und sagt: »Du kannst ruhig rauskommen, Brüderchen, du musst keine Angst haben, Mama und Papa sind ganz nett.«

Nala (3), nachdem sie die Mutter beim Stillen ihres Geschwisterchens beobachtet hat: »Mama, was machst du denn mit deinen Busen, wenn der Karl kein Baby mehr ist? Schmeißt du die dann weg?«

Mama nimmt als Nahrungsergänzungsmittel Folsäure ein, weil sie sich noch ein Kind wünscht.
Klara (6): »Das sind Schwangerentabletten, davon kriegt man ein Baby.«

Samuel (7) sieht in einem Möbelgeschäft einen Laufstall und sagt bestürzt: »Schau mal, Mama, ein Babygefängnis.«

Liebe, Sex & Partnerschaft

Mama und Lara (7) kurz vor 10 Uhr auf dem Weg ins Schwimmbad. Es hat sich bereits eine kleine Schlange vor dem Eingang gebildet.
Lara: »Mama, ich drängle mich für uns vor.«
Mama: »Das kannst du nicht tun, die Leute werden böse auf dich sein.«
Lara: »Das kann ich wohl, ich bin schließlich süß.«

David (3): »Mama, ich habe dich so lieb, ich habe dich in einer Schatzkiste gefunden und dann nach dir gegriffen, damit du mir gehörst und dich keiner wegnimmt.«

Derrick (6), nachdem er den Müll rausbringen musste: »Mama, glaube nicht, dass ich noch die Zeit habe, meine Eltern zu lieben, wenn ich ständig im Haushalt helfen muss.«

Adriana (3): »Mama, wieso sagst du denn zu dem ›Gesundheit‹? Das ist doch nicht dein Mann.«

Mama steht nach dem Duschen vorm Spiegel, mit noch leicht zerlaufener Restschminke im Gesicht und dem Kamm seitlich in die Haare gesteckt, damit der Pony nicht rutscht.
Silas (5) aus der Dusche heraus: »Oh, du schöne Mami! Du siehst jetzt aus wie ein Mähdrescher-Gerät, das hinten am Traktor hängt!«

Mark (4): »Wenn ich groß bin, heirate ich Ben – dann müssen wir keine Kinder bekommen.«

Mama und Papa unterhalten sich darüber, dass eine Freundin mit achtundzwanzig Jahren heiratet.
Bastian (7): »Das ist doch viel zu jung.«
Papa: »In welchem Alter sollte man denn heiraten?«
Bastian: »Mit achtzig, da muss man nicht mehr arbeiten und hat Zeit für seine Frau zum Spazierengehen.«

Lydias (6) Eltern diskutieren, was sich durch Heirat ändert, da eine Freundin heiraten möchte.
Lydia: »Wenn man heiratet, darf man miteinander nackt sein.«

Elli (8) fragt Mama: »Wie ist das Baby in den Bauch gekommen?«
Große Schwester Emmy (10): »Na, du weißt schon, das Wort mit den drei Buchstaben!«
Elli: »O Mann, wieso habt ihr mir nicht Bescheid gesagt, ich wollte das mal sehen!«

An der Ausgangstür der Kita.
Mama: »Tschüss, mein Schatz. Ich hab dich lieb.«
Ela (3): »Hmmm.«
Mama: »Und du?«
Ela: »Jaaa ... Ich hab mich auch lieb.«

Luis (5) kuschelt mit Mama: »Du weißt ja, dass ich schon mit dir geheiratet habe, oder?«
Mama: »Nö ... das weiß ich gar nicht. Wann war das denn??«
Luis: »Oooooooohhhh, das ist schon gaaaaanz laaaange her ...«

Luis (5) mittags zu Mama: »Der Einzige, den ich heiraten will, bist du! Und Basti und Charlotte und Lara.« (Freunde aus dem Kindergarten)

Oskar (7): »Mama, ich MUSS dich ja immer lieben. Du bist ja meine Beziehungsberechtigte.«

Tira (7): »Mama, ich hab dich immer lieb. Auch wenn ich dich mal ›blöd‹ nenne.«

Josh (6) beschwert sich: »Mama, immer lackierst du dir die Nägel in Papas Lieblingsfarbe (rot) und nicht in meiner (blau) – das ist unfair.«

Mama: »Welches deiner Mädels aus dem Kindergarten möchtest du denn später mal heiraten?«
Jannic (6) sieht Mama kurz nachdenklich an und meint dann knallhart: »Mutti, das werde ich dir nicht sagen! Du sagst mir ja auch nicht, wie viel du wiegst!«

Matteo (5): »Mama, ich heirate jetzt doch Veronika (die Schwester). Eigentlich wollte ich ja Lukas (bester Freund) heiraten, aber das sieht blöd aus, wenn keiner von uns beiden das Kleid anhat.«

Malian (4) erzählt dem Papa, wie sehr er ihn liebt. Papa freut sich und sagt ihm, dass er ihn auch liebt.
Malian auf einmal: »Aber die Mama liebe ich mehr als dich.«
Papa fragt: »Oh, warum das denn?«
Malian antwortet: »Na … du bist halt keine Mama.«

Sina (7), kurz nach einer Hochzeit: »Ich will auch bald heiraten.«
Mama: »Du bist doch noch zu jung dafür.«
Sina: »Wann ist das richtige Alter zum Heiraten?«
Bruder Silas (5) mischt sich ein: »Gar keins.«

Peyton (2) beim Ins-Bett-Bringen: »Mama, ein Kussi noch.« Mama: »Nein, nun ist genug mit Kussi, jetzt wird geschlafen.«
Peyton: »Bitte, sag Ja.«
(Es gab natürlich noch ein Kussi.)

Emily (6): »Mama, wenn ihr das nächste Mal Liebe macht, schau ich zu. Ich will ja auch mal Kinder und wissen, wie das geht.«

Ben (5): »Papa, ich weiß, was ihr abends macht, wenn ich im Bett bin – ich höre da immer so Geräusche …« Pause. »Ihr schaut da ohne mich Fernsehen, stimmts?«

Mama: »Gute Nacht, kleiner Hase, schlaf schön.«
Aaron (6): »Hast du jetzt kleiner Hase zu mir gesagt, du süße Maus?«

Mama kommt vom Friseur: »Dir ist gar nicht meine neue Frisur aufgefallen.«
Jason (8): »Das ist auch nicht mein Job, ich bin ja nicht mit dir verheiratet.«

Kaila (6): »Liebe brauch ich später nicht, weil dann müsste ich einen Jungen küssen, und das ist eklig.«

Ida (4): »Seit meine Schwester auf der Welt ist, tanzt mein Herz vor Freude!«

Enrico (5) hat Liebeskummer: »Mama, können auch Frau und Frau heiraten?«
Mama: »Ja.«
Enrico: »Und auch Mensch und Mensch.«
Mama: »Ja. Und Mann und Mann auch. Wen möchtest du denn heiraten, eine Frau?«
Enrico: »Nein, einen Mann.«
Mama: »Ach so, wen denn?«
Enrico: »Heinrich. Aber der ist weit weggezogen, und ich liebe den so, dass ich zerbreche.«

Mama: »Wen möchtest du mal heiraten?«
Hugo (3): »Ich heirate nicht.«
Mama: »Wieso?«
Hugo: »Männer heiraten nicht!«
Später. Hugo: »Papa, hast du geheiratet?«
Papa: »Ja, die Mama.«
Hugo zeigt auf Mama: »Die da?«

Ben-Felix (6): »Papa, ist Mama eigentlich alt?«
Papa: »Nein, sie ist noch jung.« (28)
Ben: »Bist du alt?«
Papa: »Nur ein bisschen, Benny.« (35)
Ben: »Aber irgendwann bist du ein Opa.«
Papa: »Ja, aber erst, wenn du eigene Kinder hast!«
Ben: »Aber wie? Ich habe doch keine Mama dafür. Wie finde ich denn eine Mama dafür?«

Finn (2) sieht ein Bild von einer Frau in einem klassischen Brautkleid: »Guck mal, Mami, ein Gespenst!«

Henry (6): »Ich will später nicht alleine wohnen. Entweder hole ich mir eine Frau oder ein Meerschweinchen!«

Tobi (4): »Mama, warum hast du nicht ein wenig gewartet? Mit zwanzig hätte ICH dich geheiratet.«

Dialog am Esstisch.
Isabell (8): »Was ist schwul?«
Chantal (16): »Darf ich das erklären?«
Mama zuckt mit den Schultern und nickt.
Chantal: »Wenn Mann und Mann sich lieben, das ist schwul.«
Isabell, nach einer Weile: »Okaaayy, also wenn die sich küssen und heiraten?«
Chantal: »Ja, so ähnlich.«
Isabell: »Ohh neee, die bekommen dann ja nur Jungs ...«

Philipp (6): »Papa, warum habt ihr eine Folie auf die Glastür eures Schlafzimmers geklebt?«
Papa: »Öhh, ja also ...«
Cosima (9): »Damit Mama und Papa ungestört knutschen können.«
Philipp: »Igitt, das will ja auch keiner sehen.«

Marie (5) mag ihren Erzieher wirklich gerne. Als Mama, die mit ihr alleine lebt, sie aus dem Kindergarten abholt, fragt sie ihn: »Magst du nicht meine Mama heiraten, die sucht einen Mann.«

Mama: »Sinan, morgen ist Hochzeit, da ziehen wir uns alle gaaanz schick an.«
Sinan (5): »Ich nehm mein Batman-Kostüm.«

Johann (7) legt Papa seinen Kuscheltiger hin und sagt: »Hier, Papa, falls Mama mal keine Lust hat ...«

Dany und Muriel (beide 4) unterhalten sich übers Heiraten. Dany: »Und nach der Hochzeit fängt die Frau an, bei dem Mann zu Hause zu arbeiten.«

Nachbar fragt Alexander (5): »Hast du denn schon eine Freundin?«
Alex: »Ich hab sogar zwei.«
Nachbar: »Gleich zwei Stück?«
Alex: »Ja, falls mal eine krank wird.«

Kim (3) zur Mama: »Ich liebe die Frau S. (die Erzieherin) ... aber Mama, dich liebe ich auch! ...«

Maximilian (6): »Papa, später will ich selber mal Kinder haben. Aber machen möchte ich sie nicht.«

Ein knutschendes Pärchen in der Bahn. Klara (6) zu Mama: »Machen die auch Babys wie die Feuerkäfer?«

Leon (3): »Mama, ich glaube, ich muss den Fabio heiraten.« (seinen besten Freund)
Mama: »Warum denn das?«
Leon: »Mich wollen sooo viele Mädchen heiraten, da kann ich mich nicht entscheiden!!«

Oliver (11), Lia (6), Papa und Mama spielen »Stadt, Land, Fluss«. Buchstabe D ist dran, Kategorie Beruf.
Oliver, ganz stolz: »Ich habe bei Galileo einen Beruf gehört mit dem Buchstaben D! Dildogießer. Ich weiß nicht, was das ist, aber den gibt es, hat Galileo gesagt.«

Mara (4): »Wann bekomme ich ein Geschwisterchen?«
Mama: »Dazu brauche ich erst mal einen passenden Mann.«
Mara: »Und wo bekommst du den?«
Mama: »Da muss ich erst mal einen treffen, ihn dann kennenlernen, zum Beispiel mit ihm Kaffee trinken gehen, und dann muss man sehen, ob es passt.«
Am nächsten Tag Mara an der Supermarktkasse zu einem fremden Mann: »Gehst du mal mit meiner Mama Kaffee trinken?«

Luis (6) beim Kuscheln: »Oh Mami, du bist so süß, ich seh dich als Herzchen ... ich weiß gar nicht, wie du aussiehst! Welche Augenhaarfarbe hast du?«

Mama: »Anja, was möchtest du mal werden?«
Anja (4) direkt: »Braut.«

Betti (4) war mit der Gruppe auf der Hochzeit ihrer Kindergärtnerin zum Singen. Als sie nach Hause kommt, sagt sie ganz aufgeregt: »Mama, die Tante ... hat sooo ein schönes Kleid angehabt, das muss sie unbedingt aufheben, es kann ja sein, dass sie mal ausgeschieden wird, dann kann sie das vielleicht noch mal anziehen.«

Eileen (7) zu Mama: »Mami, du bist ein richtiger Softie.« Mama: »Warum?«
Eileen: »Weil du so kuschelig bist.«

Im Auto, auf dem Weg zum Kindergarten.
Fritz (4): »Omaaa, du wolltest mir doch noch etwas Parfüm von dir aufsprühen.«
Oma: »Oh stimmt, sollen wir noch mal umkehren?«
Fritz: »Ach, Oma, lass mal, die Edda (Kindergartenfreundin) liebt mich auch so!«

Sara (7): »Liest du mir eine Geschichte vor?«
Papa: »Du kannst doch schon so gut lesen, eigentlich könntest du doch selbst lesen.«
Sara: »Ja, aber ich liebe den Klang deiner Stimme.«

Ben (5): »Wenn man ein Mädchen küsst, sollte man genug Geld haben, um einen Ring kaufen zu können und die Hochzeit bezahlen zu können ...«

Amile (5): »Sex, Sex, Sex – ich weiß zwar nicht, was das ist, aber ich weiß, dass ich es nicht sagen soll.«

Rosalie erzählt von einer Hochzeit: »Das Brautpaar ist mit dem Auto so, so, so langsam gefahren, dass wir alle dahinter ganz oft und lange hupen mussten!«

Im Kindergarten. Jasmin und Merle (beide 6) spielen ein Gesellschaftsspiel. Merle ärgert sich, weil sie verliert: »Scheiße!«
Robin (4) fragt: »Was hat sie gesagt?«
Erzieherin: »Das schlimme Wort mit S.«
Robin: »Sex?«

Roman (4) möchte in der Kita seiner Angebeteten Laura (4) eine Blume überreichen, wird aber abgewiesen.
Roman zur Erzieherin: »Sie hat mir das Herz gebrochen!«
Andere Kinder: »Wer?«
Roman: »Die dort, im blauen T-Shirt.«

Paul (6): »Keiner weiß, wie Liebe funktioniert. Aber es hat was mit Riechen zu tun, deswegen benutzen alle Erwachsenen Pafeng.«

Jonas (5) sieht ein Pärchen, das Händchen hält: »Papa, ich weiß, warum die immer Hände halten.«
Papa: »Ja, warum denn?«
Jonas: »Damit ihre Ringe nicht runterfallen, die waren teuer.«

Toni (7): »Ein Mädchen macht man verliebt, wenn man sie zum Essen einlädt und ihr etwas zu essen gibt, was sie mag. Bei mir wär das zum Beispiel Pizza.«

Mara (10): »Bei einem ersten Date braucht man nicht ins Restaurant gehen.«
Mama: »Wieso? Das ist doch schön.«
Mara: »Wenn zwei verliebt sind, schauen sie sich im Restaurant immer nur an, halten Hände, essen nichts, und ihr Essen wird kalt.«

Fiete (6): »Es ist gut, wenn man gut küssen kann. Dann vergisst die Frau auch, dass man den Tisch nicht gedeckt hat.«

Erzieher fragt Milo (4): »Willst du später auch heiraten?«
Milo: »Wenn ich groß bin, heirate ich zwei Frauen, eine auf Reserve.«

Max (4): »Mama, wenn ich groß bin, heirate ich dich!«
Mama: »Ich bin doch schon mit Papa verheiratet!«
Max: »Dann warte ich, bis er tot ist!«

Die Nachbarin erzählt, dass sie jetzt verlobt ist und bald heiratet.
Emilia (4): »Dann müsst ihr ja bald ein Baby machen, das macht man nämlich, wenn man heiratet.«

Mama und Papa sehen eine Dokumentation im Fernsehen über das Rotlichtmilieu in Hamburg in den 60er-Jahren. Als Pia (8) kurz ins Zimmer kommt, werden gerade Frauen gezeigt, die in der Herbertstraße in den »Schaufenstern« sitzen.
Pia entsetzt: »Oh, gab es denn damals noch keine Schaufensterpuppen, dass echte Frauen da sitzen mussten?«

Die Familie geht im Park spazieren. Als sie ein Hochzeitspaar sehen, das sich gerade fotografieren lässt, meint Ole (7): »Ich werde später auch mal die Braut.«

Paul (5) kuschelt mit Mama auf dem Sofa.
Mama: »Ach, ist das jetzt schön. In einigen Jahren wirst du gar nicht mehr mit mir kuscheln wollen.«
Paul, ganz ernst: »Nein, Mama, nie. Ich werde immer mit dir kuscheln wollen.«

Karla (4): »Mama, ich liebe dich so sehr. Ich würde dich am liebsten in eine Truhe einschließen und dann vergraben.«
(Sie dachte hoffentlich an einen Schatz.)

Paul (6) fragt den Erzieher: »Bist du verheiratet?«
Erzieher: »Nö.«
Linda (6): »Hast du Kinder?«
Paul: »Wenn er nicht verheiratet ist, kann er doch gar keine Kinder haben!«

Oma fragt Yven (6): »Hast du denn schon eine kleine Freundin?«
Yven: »Bevor ich eine Frau heirate, heirate ich eher einen Hund.«

Oliver (9): »Mama, kannst du blasen?«
Mama verdrückt einen Lacher.
Oliver: »Mein Freund hat es mir beigebracht.«
Mama unterdrückt das Lachen noch mehr.
Oliver: »Ich kann aber nur so kleine Kaugummiblasen, große vielleicht, wenn ich älter bin.«

Marvin (5) trägt ein T-Shirt mit Herzchen drauf.
Luke (5), mit einer abfälligen Handbewegung: »Herzchen sind was für Mädchen.«
Marvin: »Nein, Herz bedeutet Liebe. Und die ist für alle da.«

Jonas (4) sitzt in der Straßenbahn und verteilt Kusshände aus dem Fenster an alle Passanten, an denen sie vorbeifahren.
Mama fragt: »Was machst du denn da?«
Jonas: »Ich hab mein Herz versprüht.«

Peinliches

Jeanette (5): »Papa, steh lieber nicht nackt vor dem Fenster!«
Papa: »Warum nicht?«
Jeanette: »Na ja, andere wollen DAS bestimmt nicht sehen.«

Silas (5): »Ey, Mama! Sowas trägst du doch auch!«
Mama: »Was meinst du?«
Silas: »Na, eine Always Diskwiet.«
(Wenn Werbung zum Verhängnis wird ...)

Ida (3) schiebt im Wartezimmer ihre Wangen mit den Händen zusammen und sagt: »Meine Mama hat gesagt, dicke Kinder können nicht lachen, ich kann aber lachen!«

Marita (3) rennt auf einmal aus ihrem Zimmer zu den Eltern in die Küche, zeigt auf ihren Po und ruft: »Schau mal, da ist mein Arschloch!«
(Ein neues Wort, von der großen Schwester gelernt.)

In der Kitagarderobe. Elias (5): »Papa, warum hat Mama, wenn sie angezogen ist, viel größere Brüste als Ines (die neue Freundin von Papa), aber im Bikini sind Ines ihre viel größer als Mamas?«

Ben (4) zeigt auf die Kassiererin im Supermarkt und fragt: »Warum hat die Frau so viel Dreck im Gesicht?«
Mama, peinlich berührt: »Ben, das ist kein Dreck, das sind schöne Sommersprossen …«

Noah (5) und Mama auf der öffentlichen Toilette. Erst geht er aufs Klo, dann sie. Da sagt Noah laut: »Du kannst jetzt kacken, Mama. Ich halt dich fest.«

Mama macht Yoga. Diana (3): »Warum riechst du an deinem eigenen Popo?«

Diana (3) bei Kaffee und Kuchen unter dem Familientisch: »Oma hat Bart an den Beinen.«

Celine (5) zusammen mit Oma im Bad: »Du, Oma, ich hab auch Brüste, aber die hängen nicht so …«

Mama mit zwei Kindern auf der Toilette der Arztpraxis. Auf einem Regal steht ein Glas mit Tampons.
Sohn (6) geht darauf zu, bestaunt es und fragt: »Was ist das?«
Darauf sein kleiner Bruder (4): »Das sind Ohrenstöpsel, stimmt's, Mama?«

Sarah (6) mit Papa im Supermarkt, vor ihnen ein Soldat in Uniform.
Sarah: »Papa, warum ist der so komisch angezogen?«
Papa: »Das ist, damit der sich tarnen kann, dann kann man den kaum sehen.«
Sarah: »Ich seh den aber!«
Der Soldat grinst die ganze Zeit.

Rasmus (4) zum Nachbarn, der ein kariertes Hemd trägt:
»Dein Pulli sieht aus wie eine Picknickdecke!«

Aus einem Auto steigt eine ganz in Schwarz gekleidete Frau mit mindestens fünf Zentimeter langen Fingernägeln. Niklas (6), völlig emotionslos: »Die nimmt bestimmt keiner.«

Lina (4) bekommt in der Drogerie einen Tobsuchtsanfall, steht mit Mama vor dem Kondomregal und schreit: »Ich möööööchte aber diese Luftbaaalloooons.«

Yvonne (2) mit Mama im Supermarkt: »Wann bist du endlich mit Einkaufen fertig?«
Mama: »Ein paar Minuten noch.«
Yvonne ruft laut zurück: »Okay, ein paar Nutten noch!«
(Minuten konnte sie noch nicht aussprechen.)

Ida (4) im Restaurant: »Mami, ich hab in deiner Tasche noch Gummis gefunden ... Die schmecken nach Obst ...«

Liam (3) isst zum ersten Mal im Krankenhaus zu Mittag.
Einige Zeit später geht er am Behandlungszimmer vorbei und ruft der Ärztin zu: »Du hast lecker gekocht.«

Die Hochzeit der Eltern. Dennis (3), mitten in der Zeremonie: »Ich will nicht mehr heiraten, ich hab Hunger.«

Klara (5): »Ein Eis ess ich heut noch, und dann ist Schluss. Ich will ja nicht solche Brüste wie Papa!«

Klara (4) sieht ihrer Tante beim Anziehen einer Panty-Unterhose zu und sagt: »Bei meiner Mama geht die Unterhose in den Po.«

Celine (5) kämmt der Erzieherin die Haare: »Hast du deine Haare gewaschen?«
Erzieherin: »Ja, vorhin, warum fragst du?«
Celine: »Die sind so herrlich weich und überhaupt nicht verfilzt!«
Erzieherin: »Wer hat denn verfilzte Haare?«
Celine: »Meine Mama, wenn sie zu lange im Bett liegt, und ich auch manchmal ...«

Noah (5) fragt kurz vor Ladenschluss eine Mitarbeiterin eines Möbelhauses: »Warum stehst du hier so rum?«

Emma (3) weint. Mama gibt ihr liebevoll einen Kuss auf die Hand: »Was ist denn passiert? Hast du dir wehgetan?«
Emma schluchzt: »Ich hab Pipi auf der Hand.«

Mathis (4): »Mama, deine Augen sind schmutzig.«
Die Mama hatte sich ausnahmsweise mal geschminkt.

Mama sitzt mit Marko (8) beim Frauenarzt.
Er fragt: »Mama, was ist das denn für ein Arzt?«
Mama: »Ein Frauenarzt.«
Marko, nach kurzem Überlegen: »Ach, das ist der Arzt, wo du immer deine Unterhose ausziehen musst.«
In diesem Moment kommt der Frauenarzt rein und sagt: »Ja, bei mir müssen alle Mamas die Unterhose ausziehen!«

Alex (2) zum DHL-Mann an der Haustür: »Ich hab einen Penis, Mama eine Scheide …«

Rasmus (4) fährt um die Häuser und singt lautstark den Queen-Klassiker (neu interpretiert): »We will, we will FUCK YOU!«
Gesicht der Nachbarn unbezahlbar.

Beim Einkaufen. Vicky (3), einen Tag, nachdem sie das erste Mal gesehen hat, wie Mama ein Glas Sekt trinkt: »MAMAAA, kauf doch den Schnaps, den du abends jetzt immer trinkst!«

Luis (5) zu Oma: »Oma, irgendwann will ich auch gerne so lange schöne Brüste haben wie du.«

Cecilia (4): »Mama, ich weiß, dass du auch Scheiße sagst, wenn ich nicht im Zimmer bin.«

Omas Geburtstag. Etwa zwanzig Verwandte und Freunde sitzen am Kaffeetisch.
Jeremy (4) fragt: »Oma, warum sieht die Welt hinter deinen Gardinen immer so grau aus?«

Mama mit Annika (3) nach dem Toilettengang im Restaurant. Mama: »Moment, du musst aber noch Hände waschen.«
Annika: »Macht Papa auch nie.«

Nicole (5) schaut sich mit ihrer Tante Fotos an: »Wow, früher warst du ja richtig schön …«

Kiara (4) zu Oma nach dem Baden: »Schau mal, meine Hände sind jetzt genauso schrumpelig wie dein Gesicht …«

Mirkos großer Bruder bekommt einen Superman-Flicken auf seine kaputte Jeans.
Mirko (3) rennt zu Mama (die Nachbarn sind gerade zu Besuch) und brüllt: »Mama, ich möchte auch Superman ficken.«

An der Autobahnraststätte geht Mama mit Cedric (3) auf die Toilette. Sie gehen zusammen in eine Kabine. Als sie drin sind, sagt Cedric laut: »Hier stinkt es aber – hast du gepupst, Mama?«

Bei Emmi (5) zu Hause wird eine Nachbarin immer die »dicke Nachbarin« und die andere die »dünne Nachbarin« genannt.
Als es klingelt, macht Emmi die Tür auf und brüllt: »Mamaaaa, die dicke Nachbarin steht vor der Tür.«

Eva (4) sieht das erste Mal in ihrem Leben einen kleinwüchsigen Mann mit Bart und fragt ihn: »Hast du als Kind auch nicht immer aufgegessen?«

Ida (4) im Schlaf: »Hier ist achtzig, du Penner.«
(Zu viel mit Papi Auto gefahren ...)

Papa kneift Mama zum Spaß in den Po und sagt: »Wenn du das noch mal sagst, zwicke ich dich in den Po.«
Tristan (3): »Ich will auch in den Po ficken ...«

Mila (5) will im Urlaub mit Papa in den Whirlpool, aber der ist schon seit Ewigkeiten durch eine Familie blockiert, deren Mitglieder alle etwas kräftiger gebaut sind.
Papa zu Mila: »Wir warten mal, bis Familie Nilpferd nach Hause trottet.«
Später beim Mittagstisch zeigt Mila auf die Familie und ruft unüberhörbar: »Schau mal, Papa, da ist Familie Nilpferd wieder.«

Steve (8) zu seinem Bruder Frank (6): »Iss nicht so viel Schokolade.«
Frank: »Wieso, schmeckt aber gut.«
Steve: »Dann siehst du bald aus wie Mama.«

Delia (5) zum Erzieher, der einen Vollbart trägt: »Du siehst im Gesicht aus wie meine Mama unten herum.«

Timo (5) bei der Kontrolle am Flughafen: »Wir haben eine Pistole im Koffer ...«
(Ja, so haben seine Eltern auch geguckt. Er meinte das Playmobilmännchen in seinem Rucksack ...)

Elias (5) sieht einen Mann mit grauen Haaren und grauem Bart in der Straßenbahn und sagt deutlich vernehmbar: »Schau mal, Papa, der Bart von dem Mann schimmelt schon.«

Theodor (8) mit Papa beim Arzt im Wartezimmer. Er liest in einer Broschüre. Später fragt er laut vor anderen Patienten: »Papa, was ist eigentlich HIV?«
(Papa, der wegen einer Erkältung beim Doc war, war peinlich berührt.)

Lina (4) mit Papa in der Apotheke.
Lina zur Apothekerin: »Mein Papa braucht ein Onaniergerät.«
(Es war ein Inhaliergerät.)

Klara (6) im Bus aus heiterem Himmel: »Ich wünsche mir für den Papa Schlübbas und ne Strumpfhose!«

Nora (5) sitzt hinten im Auto, Mama fährt, Papa sitzt auf dem Beifahrersitz und kritisiert unablässig Mamas Fahrstil. Plötzlich Nora: »Papa, hör endlich auf, an der Mama rumzumeckern, die fährt sowieso viel besser als du.«
Daraufhin Papa, in seiner männlichen Ehre gekränkt: »Wie kommst du denn da drauf?«
Nora: »Na, die hat doch ihren Führerschein zweimal gemacht.«

Mama macht einen Großeinkauf für ihren anstehenden runden Geburtstag. Sie steht an der Kasse mit mehreren Flaschen Sekt und Wein, zwei Kisten Bier und diversen Flaschen Gin und anderen Alkoholika. Miriam (5) stolz zur Kassiererin: »Und das trinkt meine Mama alles alleine aus.«

Ragnar (2) haut Mama mit Schmackes auf den Po. Als sie sich zu ihm umdreht, grinst er und sagt: »Opa war das!«
(Opa sitzt am anderen Ende des Wohnzimmers auf der Couch.)

Jonas (4) läuft mit einem Stock zwischen den Beinen durchs Wohnzimmer.
Tante: »Bist du eine Hexe und reitest auf deinem Besen?«
Jonas: »Nein, das ist mein Penis!«

Mama will mit Luis (6) ein paar Frühlingsblumen kaufen, stellt aber im Laden fest, dass sie gar kein Geld dabeihat. Enttäuscht gehen beide wieder zum Ausgang. Auf dem Weg kommt ihnen eine Frau entgegen, den Einkaufswagen voller Frühlingsblumen. Luis, ganz laut und empört: »Guck mal, Mama, DIE Frau hat Geld zum Blumenkaufen.«

Familie im Winterurlaub. Stefan (4) sitzt mit seiner Mutter in einem überfüllten Café. An ihrem Tisch ist noch ein Platz frei. Eine ziemlich korpulente Dame fragt, ob der Platz noch frei ist. Stefan schaut sie an und sagt ganz laut: »Nein, da passt du auch eh nicht auf den Stuhl. Du bist viel zu dick.«
Totenstille im Café. Die Mutter (knallrot) entschuldigt sich schnell. Die Dame lacht und sagt zu Stefan: »Du hast ja recht, kleiner Mann, aber ich setze mich jetzt trotzdem hin.« Die Café-Besucher klatschen Beifall.

Zu Hause wird das Schlafzimmer renoviert. Im Kindergarten zeigt Micaela auf Papa und sagt zur Erzieherin: »Das ist mein Papa, der muss heute auf der Couch schlafen.«

Mama sitzt mit Adrian (4) im Wartezimmer beim Arzt. Sie hat ein tief ausgeschnittenes Oberteil an. Neben ihr sitzt ein Mann. Adrian geht zu Mama, zieht ihr Oberteil runter, fasst ihre Brüste an und sagt zu dem Mann: »Meine Mama hat einen schönen Busen, oder?«

In der Wohnung gegenüber ziehen neue Mieter ein, und Mama sagt zu Papa: »Hoffentlich ziehen da keine Asis ein.«
Einen Tag später sehen Mama und Tabea (5) die Nachbarn im Treppenhaus. Tabea fragt laut: »Sind das die Asis, die jetzt eingezogen sind?«

Liam (5) und Mama sitzen auf dem Balkon. Als ein Mann vorbeikommt, ruft Liam ihm laut hinterher: »Du siehst scharf aus. Das sagt meine Mama immer.«
Papa ruft von drinnen: »Ja, ja, deswegen sitzt Mama immer auf dem Balkon.«

Lukas (4), der immer in der Kita zu Mittag isst, bringt Mama beim Einkaufen in Erklärungsnot: »Mama, wann bekomme ich mal wieder was Warmes zu essen von dir?«

Pete (5) sieht zwei Omas mit Rollator auf dem Gehweg und spricht sie an: »Ohne Helm darf man aber nicht Fahrrad fahren.«

Tim (5) in der vollen S-Bahn, schaut die ganze Zeit interessiert einen jungen Mann an. Dann sagt er in die Stille hinein: »Mama, hat der Mann auch so einen großen Pillermann wie Papa?«

Heimreise vom Urlaub, Tankstelle. Mama hat einen Schlüssel fürs Behinderten-WC. Josephin (5) brüllt über den Parkplatz hinweg: »Oma, musst du auch auf Klo? Dann komm mit mir und Mama, du bist ja auch behindert!«

André (2) im Auto. Wegen der Hitze darf er selbstständig das Fenster bedienen. An der Ampel lässt er sein Fenster runter. Im Auto nebenan hat ein junger Mann mit Vollbart sein Fenster auch unten. André ruft rüber: »Bist du ein Affe?«

Maja (6) sieht mit Mama eine Zeichentrickserie, in der ein Mädchen bei ihrem ersten Date blamiert wird, weil die Eltern sich unmöglich benehmen.
Maja: »Mami, ich hab keinen Papi, der mich blamiert.« Pause. »Du schaffst das auch allein.«

Noah (3) und Mama fahren mit dem Rad. Da überholt eine recht korpulente Frau in einem gelb-schwarz gestreiften Pullover (auch mit dem Fahrrad). Noah ganz laut von hinten: »Mama, die dicke Biene Maja hat uns gerade überholt.«

Juliane (3) geht mit ihren Eltern durch den Park, als ihnen zwei Nonnen entgegenkommen. Juliane ruft ziemlich laut: »Mama, Papa, guckt, da sind zwei Hexen.«

Besuch beim Patenkind. Der Papa zeigt der Patentante ganz stolz, dass er das ganze Wohnzimmer gestrichen hat. Als die Patentante lobt, sagt Ayden (5) ganz stolz: »Ja, mein Papa ist schon ein super Stricher!«

Hochzeitszeremonie, die Eltern sagen gerade: »Ja, ich will.« Torben (4) mittendrin: »Aber ich nicht.«

Mama, asthmageplagt, pustet bei 36 Grad im überfüllten Schwimmbad mit letzter Kraft den Wasserball auf. Silas (7) steht ihr aufmunternd bei: »Mama, du machst das am allerbesten mit dem Blasen.«

Im Supermarkt steht ein Mann mit Beatmungsgerät und -maske. Collin (5) ganz laut: »Schau mal, Papa, das ist der Mann aus Star Wars ...«
(Er meint Darth Vader.)

Beerdigung der Uroma. Mama sagt Julien (3) beim Beten immer vor. Julien bei »Unser täglich Brot gib uns heute«: »Und unser Käsebrot gib uns heute.«

Philipp (5) sitzt gerade auf der Toilette und ruft laut zur Patentante: »Meine Mama muss genagelt werden.« (Mama war grade auf dem Weg ins Nagelstudio.)

Am Familientisch wird über Sternzeichen gesprochen.
Tante (60): »Also ich bin Jungfrau.«
Dennis (7) erstaunt: »Das glaube ich dir nicht.«

Es ist Sperrmüll, und überall liegen Möbelhaufen vor den Häusern. David (4) schaut aus dem vollbesetzten Bus und sagt laut zu seiner Mutter: »Schau mal, Mama, alles voller Sperma.«

Familie auf dem Spielplatz. Mama möchte auch mal schaukeln. Als sie sich setzen will, brüllt Sylvie (4) über den Spielplatz: »Neeein, Mama, du darfst nicht schaukeln, du bist zu dick, da kracht die Schaukel ein.«

Im Zoo beim Elefantengehege fragt Marie (4) laut: »Hat der da hinten auch einen Rüssel?«
Etwas später: »Ach nee, das ist gar kein Rüssel, das ist wie bei Papa ...«
(Die anderen Zoobesucher sind recht amüsiert.)

Auf dem Markt sieht Sven (4) eine Frau mit rotem Kopftuch und einem Korb in der Hand. Er zeigt mit dem Finger auf sie und ruft: »Schau mal, Mama, Rotkäppchen.«

Jule (3) zum Erzieher: »Simon, hast du einen großen Penis?
Simon: »Ähh, bitte was?«
Jule: »Also, meine Mama mag große Penis!«

Erzieherin zur Kollegin: »Ich liebe es richtig, morgens warm zu duschen.«
Caro (4): »Mein Vater ist auch ein Warmduscher.«

Steve (5) hat mitbekommen, wie Papa Mäuse mit der Mäusefalle getötet und anschließend im Hausmüll entsorgt hat. Wenige Tage später sind sie auf einer Beerdigung, da fragt Steve laut: »Kommt der dann auch in den Müll?«

Helena (3) mit Mama im Drogeriemarkt. Als sie an den Tampons vorbeikommen, ruft Helena laut: »Mama, da sind die Dinger, die du dir immer in den Po steckst.«

Familienbesuch bei Oma. Da Oma gekocht hat, riecht es in ihrer Wohnung stark nach Essen.
Lotta (5) beim Reinkommen: »Oma, bei dir stinkts.«
Mama nimmt Lotta daraufhin zur Seite und erklärt ihr, dass man so etwas nicht sagen darf. Als das Gespräch zu Ende ist, sagt Lotta: »Oma, bei dir stinkts doch nicht.«

Papa lässt sich im Baumarkt von mehreren Verkäufern beraten. Als er den dritten Experten fragt, sagt Sarah (4) genervt: »Du kennst dich aber auch mit keiner Sache selber aus.«

Mama mit Bernd (4) im Krankenhaus. Sie warten auf den Aufzug. Es öffnet sich die Fahrstuhltür, und ein altes Mütterchen wird im Rollstuhl hinausgeschoben. Bernd: »Mama, schau, eine Hexe.«

Maximilian (3) kommt mit Papa von der Toilette im Restaurant und ruft mit strahlendem Gesicht für alle Gäste gut hörbar: »Maamaaa, Papa hat eben groß gemacht.«

Penelope (4) ist auf dem Heimweg von einem Kinderfest und steht mit Mama noch an der Supermarktkasse. Vor ihnen steht eine stark geschminkte Frau, und Penelope fragt: »Warst du auch beim Kinderschminken?«

Mama ist mit Adam (4) in einem Geschäft für hochwertige und etwas delikate Lingerie. Adam begutachtet die Wäsche und sagt zu Mama: »Das sind aber komische Hosen und Busenhalter. Da kann man durchgucken. Und die Hose hat ein Loch!«
Verkäuferin: »Ja, junger Mann, das ist der Sinn der Sache.«
Adam: »Ich will auch so 'nen Longscherischlüpper, dann brauch ich die Hose zum Pipimachen nicht mehr ausziehen.«

In Würzburg gibt es den Edeka Popp. Der Werbeslogan lautet: »Heute schon gepoppt?« Mama ist mit Tom (6) unterwegs, und er fragt laut: »Mama, hast du heute schon gepoppt?«

Kevin (3) fährt immer gerne mit der U-Bahn und plappert dann die Durchsagen nach. Als später ein Fremder in der Sparkasse zu ihm kommt und sagt: »Guzzi, Guzzi, bist du ein Süßer?!«, antwortet Kevin (in Gedanken noch bei der U-Bahn): »Bitte zurücktreten.«

Thomas (4) zum Onkel: »Mama sagt, du kannst nicht bis drei zählen, stimmt das? Ich kann das schon und bin erst vier.«

Ben (4), der eine recht junge Mutter hat (um die 20), ist mit ihr auf dem Spielplatz. Dort trifft er ein anderes Kind, dessen Mutter schon etwas älter ist (Ende 30). Nach einiger Zeit fragt er sie, während er auf das Kind zeigt: »Bist du die Oma von der da?«

Jasmin (6), gegen Ende des Besuchs bei Oma, als diese (mal wieder) die Essensreste einpacken möchte: »Oma, du kannst ruhig alle Reste einpacken. Wir schmeißen das zu Hause sowieso wieder alles weg.«

Patricia (7) ist mit Mama in einer Kleiderboutique. Als die Verkäuferin fragt: »Kann ich Ihnen behilflich sein?«, antwortet Patricia: »Nein, danke, wir schauen uns nur um und bestellen die Sachen dann online.«

Die Familie ist mit Mama, Papa und zwei Kindern im Einkaufszentrum. Papa unterhält sich sehr angeregt mit einer Verkäuferin. Da sagt Boris (5): »Papa, warum bist du so nett zu der Frau? Zu Mama bist du nie so nett.« Betretenes Schweigen bei allen Beteiligten.

Zwei befreundete Familien im Restaurant. Hannah (5) geht mit Mama zusammen auf die Toilette. Mama hat unter ihrer Hose noch eine Bauchweghose und zieht diese aus und später wieder an. Zurück im Restaurant ruft Hannah durch den ganzen Laden: »Papa, das hat so lange gedauert, weil Mama erst wieder ihre Bauchweghose an- und ausziehen musste.«

Kulinarisches

Auf dem Abendtisch steht Räucherlachs mit Dill,
Lena (5): »Also die Haare esse ich aber nicht mit.«

Eine Familie im Urlaub beim Mittagessen.
Mama: »Sonne, Strand, leckeres Essen – was will man mehr?«
Nick (3), der noch einen vollen Teller vor sich stehen hat: »Also ich will mehr – Eis.«

Oma holt Amelie (4) vom Kindergarten ab und fragt: »Na, Maus, was gab es heute zum Mittagessen?«
Amelie: »Heute gab es Raupensuppe.«
Oma: »Du meinst bestimmt Graupensuppe!«
Amelie: »Nee, Oma, das waren Raupen.«

Mama bemerkt Flecken auf dem T-Shirt von Salome (4) und fragt, was sie gegessen hat.
Salome: »So einen Apfel mit Fell ...«
(Sie meint einen Pfirsich.)

Opa wird auf einer Familienfeier gefragt, was er trinken möchte.
Opa: »Whisky-Cola.«
Darauf Luke (5): »Ich auch, aber ohne Cola, Cola darf ich nicht.«

Mama: »Willst du auch Trauben?«
Fiona (4): »Aber keine dreckigen.«
(Sie wollte keine roten.)

Im Kindergarten beim Mittagessen.
Milo (3): »Zucciki mag ich nicht.«
Maja (3): »Das heißt nicht Zucciki, das heißt Zuccitschi.«

Paulina (4) zu ihrer Cousine Emma (4) beim gut besuchten Metzger: »Schau, all diese Tiere wurden getötet.«

Lamin (9), nachdem er beschlossen hat, kein Fleisch mehr zu essen: »Ich werde jetzt ein Obstler!«

Mama beim Frühstück: »Jana, willst du eine Scheibe Brot?«
Jana (3): »Nee, lieber eine Scheibe Müsli!«

Mama mit Jan (7) beim Hähnchen-Grill. Ein Mann vor ihnen bestellt zwei halbe Hähnchen.
Jan lacht und flüstert Mama ins Ohr: »Mama, der Mann ist echt blöd, wieso bestellt er nicht ein Ganzes?«

Yvonne (6): »Mama, wann kommt Papa nach Hause?«
Mama: »Warum fragst du, das dauert noch drei Stunden.«
Yvonne: »Ich habe Hunger.«
Mama: »Aber wir können doch jetzt was essen, kein Problem.« Yvonne: »Nein, wenn Papa da ist, dann ist das Essen leckerer.«

Rafael (3) liegt mit Papa morgens noch im Bett.
Rafael: »Papa, ich hab Hunger.«
Papa: »Ja, dann müssen wir aufstehen.«
Rafael: »Okay, dann essen wir was, und dann gehen wir wieder ins Bett.«

Mama, Alina (4), Tabea (2) sind Eis essen. Alina hat ihr Eis aufgegessen und isst noch den Rest von Tabeas Eis, die keine Lust mehr hat. Während sie das Eis ihrer Schwester schleckt, fragt Mama: »Welches Eis schmeckt denn besser?«
Alina: »Zwei Eis sind immer besser als ein Eis.«

Luis (4) war alleine beim Bäcker und kommt mit einer Waffel wieder raus. Im Auto erzählt er Mama: »Da gabs auch die leckeren Afrikaner, aber die waren mir zu teuer …«

Mel (4) zu ihrer Freundin Caro (4): »Komm, wir verkaufen eure Kaninchen und kaufen uns davon Süßigkeiten und Eiscreme.«

Tassilo (3) sieht, wie seine Eltern Toffifee essen. Da er auch eins haben möchte, sagt er: »Mami, ich will auch ein Kartoffelfee.«

Neo (6) sitzt vor seinem Teller Pommes mit ganz wenig Ketchup: »Papa, ich glaub, mein Ketchup ist vom Aussterben bedroht.«

Nach dem Zirkusbesuch fragt Papa: »Und wie hat es dir gefallen?«
Maja (4): »Gut. Aber blöd, dass die da keine Pommes hatten.«

Tom (2): »Mama, ich mag noch mehr dumme Bärchen.«
(Gummibärchen)

Mama fährt mit Luke (6) Auto. Als sie am Asia-Restaurant mit dem vielgeliebten Schokobrunnen vorbeifahren, sagt Luke freudestrahlend: »Sie haben Ihr Ziel erreicht.«

Marcel (4) zeigt auf Rosmarin auf seinem Teller und ruft empört: »Hier ist ein Tannenbaum in meinem Essen.«

Mama: »Was gab es denn heute im Kindergarten zu essen?«
Emilia (3): »Colasuppe.«
(Es stellte sich später heraus, dass es Gulaschsuppe war.)

Zoey (4): »Was trinkst du?«
Mama: »Kaffee.«
Zoey: »Nicht gut, da ist Kokain drin!«

Auf dem Weg zum Weihnachtsmarkt, Marie (9): »Also ich möchte frittierte Pommes essen und danach ein Haribo Lasso, denn erst isst man etwas Gesundes und dann was Süßes!«

Emilia (3) ist zu Besuch bei Oma. Ein Tiefkühlservice steht an der Haustür, und Oma bestellt, was sie braucht: »Eine Tüte Tiefkühl-Erbsen und Tartufo-Eis.«
Emilia ruft dazwischen: »Und Nuggets mit Pommes und Ketchup!«

Familienessen bei Oma am Weihnachtstag, es gibt Rouladen.
Oma stellt die Rouladen auf den Tisch, Connor (5) schaut Mama ganz entsetzt an und fragt: »Mama, ist das Kacke?«

Die Familie sitzt am Mittagstisch.
Papa versucht, Mattheo (3) zum Essen zu motivieren und singt: »Wir hauen rein!«
Mattheo singt im gleichen Ton: »Wir hauen ab!«

Sabrina (8): »Mama, wann essen wir mal wieder einen Einlauf?«
(Sie meint einen Auflauf.)

Mama: »Okay, heute machen wir, was du dir wünschst. Was sollen wir machen, hm?«
Nick (6): »Zu McDonalds Burger essen.«

Hilda (4) kurz nach dem Österreich-Urlaub: »Ich war ein Kern und bin in Mamas Bauch gewachsen. Dann kam ich raus. Manchmal muss man aber auch Kaiserschmarrn machen.«

Maja (5) freut sich über Omas frisch gebackenen Marmorkuchen. Bis diese ihn anschneiden möchte! Maja irritiert: »Oma, du musst den nicht durchschneiden! Ich ess den so.«

Max (5) an Karneval: »Ich möchte auch so einen Hamburger mit Marmelade.«
(Er meinte einen Berliner/Krapfen/Kreppel.)

Klara (5) stibitzt sich Gummibärchen, und als Mama sagt, dass sie die gerne wiederhaben möchte, erwidert sie: »Nö, ich hab alle angeleckt!«

Mama: »Mein Kind, manchmal ist das Essen sehr lecker, und man muss den Schalter im Kopf umlegen, weil der Körper nicht so viel braucht, wie die Augen wollen.«
Kind fängt leise an zu singen: »Kopf sagt zu Bauch Ja, doch Bauch sagt zu Kopf Nein, und zwischen den beiden steh ich.«

Neo (7) beim Frühstück: »Also, wenn ich jetzt den ganzen Tag ohne Pause esse, dann muss ich mir doch nicht die Zähne putzen, oder?«

Mia (2) sieht einen Jungen mit Zuckerwatte. Mia zu Mama: »Ich möchte auch so eine Wolke.«

Lotta (22 Monate) isst gern »Erdbeben«.

Klara (5) fragt Mama: »Mamiii? Hast du wenigstens Kuchen da?« Als Mama dies verneint, sagt Klara: »Maann, das kann doch nicht sein!«

Oliver (5): »Mama, ich bin Vegetarier, ich esse kein Fleisch ...«
Mama: »Okay, hier hast du eine Käsesemmel.«
Oliver: »Was, ohne Wurst? Wurst ist kein Fleisch, sondern Wurst.«

»Wartest du bitte noch, bis Papi mit am Tisch sitzt?«
Ida (4), völlig emotionslos: »Ja ... na klar ... essen wir halt wieder kalt!«

Beim Frühstück.
Finn (2): »Ich möchte Mamas Ei füttern!«
Mama: »Was möchtest du?«
Finn: »Ich möchte Mamas Ei füttern!«
Mama: »Ach soooo, du möchtest mein Ei salzen!«

Mareen (6): »Mama, darf ich Obst?«
Mama: »Ja, klar, Schatz!«
Mareen: »Okay, ich nehme dann ein Cornetto Erdbeer.«

Mama hört in der Küche Wasser laufen und schaut nach. Julius (3) steht an der Spüle und wäscht Weintrauben ab.
Mama: »Was machst du denn da?«
Julius: »Die Weintrauben hatten Durst.«

Frederik (5): »Mama, ich habe Hunger!«
Mama: »Ich mache uns einen großen Obstteller!«
Frederik: »Oh ja ... und mach für mich ein großes Stück Fleischwurst drauf!«

Papa und Mia (8) essen beim Thailänder.
Papa: »Warum isst du denn heute Nudeln? Sonst isst du immer Reis.«
Mia: »Hier würde ich eben gerne mit Stäbchen essen, und bei Reis kann ich das nicht so gut.«

Diana (4): »Mama, weißt du, was ich an Gemüse nicht mag?«
Mama: »Was denn?«
Diana: »Den Geschmack!«

Mama: »Magst du Salat?«
Silas (5) empört: »Bin ich ein Hase?«

Leo (6): »Ich möchte noch etwas von dem leckeren Terracotta-Käse.« (Ricotta)

Mama: »Soll ich dir noch eine Karotte für die Schule mitgeben?«
Lia (7): »Wenn du willst.«
Mama: »Isst du die dann auch?«
Lia: »Nö.«

Am Mittagstisch. Stephanie (6): »Mama, deine Linsensuppe ist lecker, aber die kleinen braunen Dinger da drin, die mag ich nicht.«

Mama hat Linsenbolognese gemacht.
Lia (5): »Mama, warum Linsen und kein Hackfleisch?«
Mama: »Ich wollte mal veganes Essen machen wie Chris.« (der Onkel)
Lia, ganz panisch: »Werde ich jetzt zum Veganer, wenn ich das esse? Aber ich will auch mal wieder Nuggets essen.«
Mama beruhigt sie: »Nein, mein Schatz, ich wollte nur mal was anderes kochen.«

Leni (6): »Mama, kann ich dir beim Backen helfen?«
Mama: »Ja klar, du kannst die Kekse mit Mandeln verzieren.«
Leni: »Eigentlich wollte ich nur den Rührstab ablecken …«

Milan (5): »Mama, ich bin jetzt Vegeterarier (Vegetarier), ich esse keine Tiere mehr.«
Mama: »Okay.«
Eine Stunde später gibt's zum Mittagessen Kartoffelpüree und Fischstäbchen.
Milan: »Ich will auch Fischstäbchen.«
Mama: »Das ist aber Fisch, ich dachte, du bist ab jetzt Vegetarier.«
Milan: »Aber Mama, das ist doch kein Fisch, oder hast du schon mal einen Fisch gesehen, der eckig ist?«

Enrico (6): »Ich mag keinen Fisch!«
Mama: »Wenigstens probieren.«
Enrico: »Als Kind mochtest du auch keinen Fisch. Reicht doch, dass DU probiert hast.«

Julia (5): »Ich glaub, ich muss heute zum Arzt!«
Erzieherin: »Oh ... bist du krank?«
Julia: »Neeeee ... meine Gummibärchen sind alle!«

Oliver (6): »Mama, du hast gut gekocht, aber das brauchen wir nicht noch mal essen!«

Bernd (6), nachdem die Schnitzeljagd auf dem Kindergeburtstag beendet ist: »Und wann gibt es jetzt die Schnitzel?«

Milo (4): »Doch, Mama, ich mag Brokkoli – ich ess es nur nicht.«

Justin (2) kommt bei Uroma in die Wohnung, sieht den gedeckten Tisch und fragt: »Und wo ist die Torte?«

**Mama: »Ich hab die Schnauze voll!«
Alexa (8): »Mama, würdest du nicht so viel essen, wär sie gar nicht so voll!«**

Mama: »Welches Gemüse beginnt mit ›S‹?«
Nastasia (6) stolz und überzeugt: »Schnitzel!«

Juno (3): »Ist das Kritzekratze?«, während er mit ernstem Blick Lakritze in der Hand hält.

**Mama: »Möchtest du ein Würstchen zu deinem Kartoffelbrei oder lieber anderthalb?«
Lukas (5): »Lieber Würstchen!«**

**Es gibt grüne Bandnudeln zum Mittagessen.
Finn (3): »Warum essen wir heute Gras?«**

**Julian (4) bekommt an der Wursttheke ein Stück Fleischwurst. Mama fragt: »Und was sagt man da?«
Julian: »Kann ich noch eins?«**

Max (5): »Was gibt es heute zu essen?«
Mama stellt den Topf auf den Tisch: »Eintopf.«
Max: »Ja, und was ist in dem Topf drin?«

Mama: »Was gab's im Kindergarten zu essen?«
Leni (4): »Pfannkuchen mit Gemüse.«
Mama: »Was für Gemüse?«
Leni: »Hackfleisch.«

Joshua (4) beim Abendessen: »Mama, magst du scharfes Salz?« (Er meint Pfeffer.)

Am Frühstückstisch.
Mama: »Wo ist denn die Salami, die gerade noch auf deinem Brötchen war«?
Finn (3): »Die ist gerade ganz aus Versehen in meinen Hals runtergerutscht.«

Mama: »Wollen wir uns eine Hawaiipizza teilen?«
Mailo (6): »Nein, Mama, Hawaiipizza mag ich nicht, aber Schinken mit Ananas wäre okay …«

Lena (3) isst ein Honigbrötchen: »Papa, willst du mal probieren?«
Papa: »Nein, danke, ich weiß, wie Honig schmeckt.«
Lea: »Jaaaa, nach Bienen.«

Lea (3) versucht verzweifelt, eine Clementine zu schälen. Plötzlich sagt sie: »Jetzt weiß ich, warum das Clementine heißt. Die klemmt immer.«

Im Kindergarten. Pauline isst Apfelspalten und knabbert immer nur bis zur Schale. Erzieherin: »Pauline, die Schale kannst du ruhig mitessen – da stecken viele Vitamine drin.«
Ein paar Minuten später schält sich Neele ein Ei.
Max (4), der zugehört hat, was die Erzieherin gesagt hat: »Neele, du kannst die Schale ruhig mitessen, da stecken viele Vitamine drin.«

Mama isst beim Frühstück eine Banane und bietet Juna auch eine an: »Banane?«
Juna (3): »Nein, danke. Die essen nur Affen, nicht Kinder.«

Mama: »Maja, heute gehen wir zu Oma. Sie backt Zwetschgenkuchen.«
Maja (6): »Iiih. Ich mag keinen zerquetschten Kuchen!«

Im Kindergarten wird über das Thema »Getreide« gesprochen.
Erzieherin: »Was macht man denn mit Weizen?«
Klara (3): »Trinken!«

Mama läuft am Wochenende mit Jonas (3) an einem Supermarkt vorbei, bei dem die Alarmanlage an ist.
Jonas: »Was piept da so?«
Mama: »Also entweder ist es ein Fehlalarm oder jemand ist dort eingebrochen.«
Jonas: »Hoffentlich hat der nicht meine Capri Sonne geklaut.«

Levi (4): »Heute haben wir im Kindergarten Vegetarier gegessen.«

Ole kaut Kaugummi.
Mama: »Wo hast du das Kaugummi her?«
Ole (5): »Klebte unterm Bett, aber schmeckt immer noch gut.«

Eva (3): »Mag keine Erbsen!«
Oma: »Seit wann das denn? Du hast nie was gesagt.«
Eva: »Da konnt ich ja noch nicht sprechen!«

Svenja (5) sieht das erste Mal Zuckerwatte und fragt: »Mama, warum kann man das Kuscheltier essen?«

Dominik isst Käse ausschließlich auf Pizza.
Mama: »Auf der Pizza ist der gleiche Käse, wieso isst du ihn sonst nicht?«
Dominik zuckt mit den Schultern: »Auf der Pizza verwandelt sich alles in lecker.«

Frida (4) bekommt an der Wursttheke die obligatorische Scheibe Wurst und steckt sie sich in den Mund.
Mama: »Na, was sagt man denn da?«
Frida: »Guten Appetit.«

Jakob (3): »Mama, kann ich noch einen Pfeffermillen-Tee haben?«

Papa zu Emma (fast 7): »Du bekommst Durchfall, wenn du das jetzt auch noch isst.«
Emma überlegt kurz und erklärt dann: »Ich überleb das.«

Mama fragt: »Was möchtest du denn mal wieder essen?«
Ben (3): »Krokoli.«
Mama versteht nicht, was er meint.
Ben erneut: »Krokoli.«
Nach mehreren Versuchen wird Ben richtig sauer und fängt an zu weinen, bis Mama versteht, dass er Brokkoli will.

Neo (7) mag keinen Kartoffelbrei. Als es trotzdem mal wieder Kartoffelbrei gibt, sagt Papa: »Also ich habe als Kind ganz oft Kartoffelbrei gegessen, und das hat mir sehr geschmeckt.«
Neo: »Papa, das ist doch total veraltet, heutzutage gibt es doch viel besseres Essen.«

Mattis (4) sieht im Einkaufsprospekt Leberkäse und sagt zu Mama: »Schau mal, ein Fleischbrot.«

Die Familie ist bei Freunden zum Brunch eingeladen.
Johann (6): »Papa, was isst du da für eine Wurst?«
Papa: »Bierschinken.«
Johann: »Oh, dann kannst du uns nicht mehr nach Hause fahren.«

Mama hat einen Schokokuchen mit Glasur gebacken und in die Küche gestellt. Neele (3) kommt etwas später mit Schokoladenspuren auf Stirn, Nase, Mund und Kinn aus der Küche gelaufen.
Mama mit einem Grinsen: »Hast du etwa schon vom Kuchen genascht?«
Neele: »Nein, nur Bussi gegeben.«

Mama und Louie (3) sitzen bei einer Weihnachtsfeier am herrlich gedeckten Tisch, und Louie bekommt Sprudelwasser zu trinken (er ist absoluter Wassertrinker, aber er mag keine Kohlensäure).
Louie trinkt einen Schluck und verzieht das Gesicht.
Mama: »Möchtest du was anderes zu trinken?«
Louie: »Ja! Abwaschwasser!«
(Leitungswasser)

Kind (4), im Wirtshaus: »Ich möchte ein Eis mit heißen Himbeeren, aber ohne heiße Himbeeren.«
Kellner: »Du magst ein Vanilleeis?«
Kind: »Nein, ein Eis mit heißen Himbeeren, aber ohne heiße Himbeeren.«

Justus (5) ist bei Oma und Opa, es wird gegrillt.
Oma: »Du musst auch ein bisschen Gemüse oder Salat essen, nicht nur Fleisch!«
Justus: »Nee, ich ess ja nachher noch eine Wurst, Oma.«

Mama und Sanja (4) backen Kekse.
Beim Ausrollen des Kuchenteigs sagt Sanja: »Mama, gib mir mal bitte den Rolllator.«
(Sie meint das Nudelholz.)

Mama möchte testen, ob Greta (4) bereits die verschiedenen Formen erkennen kann. Dreieck und Viereck erkennt sie tadellos. Als Mama auf den Kreis zeigt und fragt: »Und was ist das?«, antwortet Greta: »Eine Pizza.«

Natur

Anna (4): »Der Mann, der die erste Uhr erfunden hat ..., wie hat der damals gewusst, wie spät es ist?«

Hilda (4): »Die Raupe schlüpfte aus ihrem Croissant und war ein wunderschöner Schmetterling.«

Lana (6): »Mama, Papa, wisst ihr, was ein Kamel mit drei Höckern ist?«
Eltern verdutzt: »Nein.«
Lana: »Na, ein schwangeres Kamel.«

Ein Regentag. Julian (4) schaut raus und sagt: »Mama, das Wetter ist ein Arschloch!«

Emma (4) schaukelt verbotenerweise zwischen Couch und Couchtisch. Sie fällt und kommentiert: »Das war meine Schwerkraft!«

Opa: »Sei vorsichtig und tritt nicht auf die Blumen im Garten.«
Julia (5), erschrocken: »Warum? Sind das fleischfressende?«

Nach dem gemeinsamen Zoobesuch frage ich die Zwillinge (5), welche Tiere ihnen am besten gefallen haben.
Lennie will sich nicht festlegen.
Etienne hat einen eindeutigen Favoriten: »Die Seemännchen.«

Unterwegs in den Urlaub sagt Emil (5): »Wusstet ihr, dass wir die ganze Zeit im Kreis fahren?«
Jule (8) ist entsetzt: »Och nee, warum das denn?«, daraufhin Emil: »Die Erde ist doch eine Kugel.«

Tim (fast 3) redet ununterbrochen. Papa muss sich auf den Straßenverkehr konzentrieren und sagt: »Jetzt halt doch mal deinen Schnabel.«
Tim wird ruhig und sagt dann hörbar verärgert: »Papa, ich bin kein Vogel.«

Der kleine Fatih (3) im Zoo vorm Aquarium: »Warum brauchen Fische keine Taucherbrille und Schnorchel?«

Hannah (4) guckt ihre stirnrunzelnde Mama entgeistert an und fragt:
»Mama, wieso ist denn dein Gesicht so gekrempelt?«

Liam (2) wird wach, schaut aus dem Fenster und schreit: »Feuer!«
Papa rennt erschrocken zum Fenster und sieht: Nebel.

Amelie (4): »Mama, ich weiß, warum Blumen wachsen. Damit die Erde schöner aussieht, stimmt's?«

Ela (3) stellt sich auf die Waage im Badezimmer und sagt erschrocken: »Oh Mama, ich wiege 1000 Meter!«

Wir wollen nachsehen, ob das Wasser vom Rhein zurückgegangen ist. Luca (5) ruft total begeistert: »Papa, schau, der Rhein hat sich wieder zurückgelegt!«

Lina (3) wird frühmorgens wach. Es ist noch dunkel, und sie sieht den Vollmond durchs Fenster. Sie schaut ihn länger an und sagt dann: »Mama, ich glaub, die Sonne ist kaputt.«

Mia (8) beim morgendlichen Spaziergang mit dem Hund: »Ah, die Luft ist so frisch, das ist, wie wenn man ein Glas kaltes Wasser durch die Nase zieht.«

Till (6) beobachtet eine Schnecke mit Haus und sagt zu ihr:
»Du Arme, kannst nie aus deinem Haus raus, das ist ja wie lebenslanger Hausarrest!«

Jason (3), nachdem er im Zoo Fledermäuse gesehen hat: »Opa, da waren auch Mäusevögel.«

Shirley (7): »Mama, der Kimba (Familienkater) hat am Popo so lustige Backen!«
(Sie meint seine Hoden.)

Sam (6): »Mama, was machst du da?«
Mama: »Ich klebe Mottenstreifen ans Bücherregal, damit die nicht an die Bücher rangehen.«
Sam verwirrt: »Häh? Motten können doch nicht lesen …«

Papa fragt Liam (2): »Wie macht die Kuh?«
Liam: »Muh.«
Papa: »Wie macht der Hahn?«
Liam: »Kikeriki.«
Papa: »Wie macht der Fisch?«
Liam schweigt einen kurzen Moment und sagt dann voller Überzeugung: »Der Fisch macht Seifenblasen.«

Dominic (4) rennt in den Garten und schnurstracks zu Opas (noch leerem) Treibhaus. Er schiebt die Tür auf: »Opa, wo sind denn all die Vitamine hin?«

Papa schläft noch. Draußen zwitschern die Vögel ziemlich laut. Enrico (4) ruft aus dem Fenster: »Pssssssst. Papa schläft doch.«

Paul (5) schaut sich seine Steinsammlung an. Plötzlich sagt er zur Babysitterin: »Du kannst so kleine Steine nicht finden, weil du so große Augen hast. Ich schon, ich hab kleine Augen!«

Auf dem Nachhauseweg im Auto.
Anna (3): »Mama, warum fährst du denn so schnell?«
Mama: »Ich fahre doch nicht schnell, wie kommst du denn darauf?«
Anna: »Na guck dir mal die Bäume an.«
Mama, total verdutzt: »Warum Schatz? Was ist denn mit den Bäumen?«
Anna: »Na, die fahren auch so schnell …«

Erika (6), als Papa ihr erklären will, wie ein Regenbogen entsteht: »Die sollen einfach nur schön aussehen – man muss nicht verstehen, wieso.«

Finn (2): »Guck mal, Mami, die Taube ist barfuß.«

Flip, der Hund der Familie, wurde aus Griechenland von der Straße geholt. Als Flip nicht auf Jon (5) hört, erklärt Jon Mamas Freundin: »Weißt du, Flip kommt aus Griechenland – er kann uns gar nicht verstehen.«

Viviane (4) sieht einen Hahn und ruft: »Schau mal, ein Huhnvater.«

Linus (4): »Mama, wieso brennt auf dem Mond nachts noch Licht?«

Luna (3) sieht zum ersten Mal einen Königspudel und ruft voller Begeisterung: »Boah, ein Schafhund!«

Ein Tag im Naturkundlichen Museum. Die Familie erkundet den Verlauf der menschlichen Evolution. Linus (5) flüstert: »Mama, also ich glaub das nicht, ich kann mich gar nicht erinnern, dass ich mal ein Affe war.«

Lena (4): »Irgendwer hat in der Nacht den Mond durch die Hälfte geschnitten. Wir müssen also die andere Hälfte suchen und ihn wieder zusammenkleben.«

Ida (4) und Mama laufen an einem Nordsee-Restaurant vorbei. Ida, die am Abend zuvor »Findet Nemo« gesehen hat, bleibt vor der Theke stehen: »Fischiii? FISCHIII! WACH AUF! WACH AUF! DU DARFST JETZT NICHT SCHLAFEN!«

Eva (3): »Wenn es keine Mamas mehr gibt, gibt es auch keine Butter und keinen Käse mehr!«
Erzieherin: »Wieso das denn?«
Eva: »Na, das wird doch aus Milch gemacht, und die Milch kommt von den Mamas!«

Waltraud (2) im Zoo: »Warum haben die Hunde so lange Nasen?«
(Sie meint die Elefanten.)

Alina (9) ist zum ersten Mal im Sommer in den Schweizer Alpen. Vor dem Chalet sieht sie eine Wiese voller gelber Lupinen und ruft: »Oma, ist das nicht übertrieben?«

Valerie (3): »Mama, woran ist das tote Meer gestorben?«

Marla (5) sieht sich mit Mama einen Sonnenuntergang im Strandurlaub an: »Bei uns wird es dunkel und bei den Fischen hell.«
Mama: »Wieso wird es bei den Fischen hell?«
Marla: »Na, weil die Sonne doch jetzt ins Meer geht.«

Emma (6) hat Fäustlinge an und sagt: »Ich möchte bitte lieber Fingerhandschuhe, mit denen hier sehe ich aus wie Playmobil.«

Benny (7) zum schnitzenden Nachbarn: »Warum tötest du den Ast?«
Nachbar: »Ich töte ihn nicht, ich schnitze was Tolles.«
Benny: »Du machst aber die Haut vom Ast ab, also tötest du den Ast.«
Nachbar: »Nein, ich mache damit nur was Schönes.«
Benny: »Vorher sah der Ast schöner aus. Du siehst sicher auch doof aus, wenn man deine Haut wegmacht! Darf ich deine Haut dann auch wegmachen?«
Nachbar: »Nein, Benny das lassen wir lieber mal sein.«
Benny, ganz stolz: »Nur, wenn du den Ast in Ruhe lässt.«

Luca (12): »Es ist so schön, dass wir eine Katze haben. Wir hatten ja auch schon mal Kaninchen.«
Marie (9): »Ja, und wir hatten auch schon mal Erdbeeren.«

Zana (7) sieht zum ersten Mal ein Silberfischchen und ruft: »Mama, komm mal schnell, im Waschbecken ist eine Babyseerobbe.«

Philine (3) kommt im Garten zu Mama gerannt und sagt: »Mama, ich hab ein Eichhörnchen geschält!«
(Zum Glück meinte sie nur eine Eichel.)

Joel (7): »Papa, Papa, unser Goldfisch kann jetzt auch auf dem Rücken schwimmen! Was für ein cooler Fisch.«

Mama: »Du hast dich wohl gestern im Schwimmbad erkältet.«
Caro (6), nach kurzer Zeit: »Warum bekommen Fische eigentlich keine Erkältung, obwohl sie immer im Wasser sind …?«

Bei Oma im Garten. Es wird über Eulen gesprochen.
Juna (4): »Eulen sind nacktaktiv!«

Kaja (5): »Mama, weißt du eigentlich, warum es donnert ...?«
Mama: »Erklär du es mir ...«
Kaja: »Die Wolken sind echt wütend, weil die Menschen überall Müll hinwerfen ...«

Andrea, an ihrem fünften Geburtstag im vollen Restaurant (mit Aquarium), hörbar für meine Verwandten (und alle Nachbartische): »Ohhh, schaut mal, da schwimmt ein Caipirinha! Äähhh, nee ... Fisch ... äh... Piranha!«

Dominic (6) sieht eine Libelle im Garten und ruft: »Mama, schau mal, da fliegt eine Mirabelle.«

Es regnet. Colin (3) schaut aus dem Fenster und sagt: »Mama, die Vögel schwitzen heute aber stark.«

Lena (3) über die wegen Windstille stillstehenden Windräder: »Mama, da musst du mal Batterien kaufen, dann drehen die Windräder wieder!«

Justin (4) fährt im Urlaub jeden Tag an einem Pferd (Schimmel) vorbei. Einmal ist das Pferd nicht da. Justin: »Wo ist heute das verschimmelte Pferd?«

Mama fährt mit Robin (3) auf dem Rad. Es ist ganz schön windig und leicht frisch.
Robin: »Mama, ist die Klimaanlage an?«

Eine Wolke hat sich vor die Sonne geschoben. Ragnar (2) daraufhin: »Jetzt ist die Sonne aus.«

Romy (5) steckt den Hunden beim Essen immer etwas unter dem Tisch zu.
Papa: »Romy, nicht beim Essen den Hunden etwas abgeben. Sonst fangen die an zu betteln.«
Romy: »Aber die Dinosaurier sind irgendwann ausgestorben. Ich pass nur auf, dass unsere Hunde niemals aussterben.«

Matilda (4) zeigt in einem Buch auf Pinguine und fragt: »Wieso heißen die eigentlich Pinkuine? Die sind doch gar nicht pink!«

Angelina (4) beim Blick aus dem Auto: »Guck mal, eine Herde Windräder!«

Familienurlaub mit Mama, Papa, Emily (4), Theresa (3), Omi und Opi. Beim Frühstück schaut Emily plötzlich Richtung Himmel und ruft: »Schaut, Mama und Papa, eine Vögelparty.«
(Auf der Oberleitung saßen einige Vögel und zwitscherten laut.)

Onkel zeigt Emil (5) seinen Fischteich.
Onkel: »Habt ihr bei euch auch Goldfische?«
Emil: »Nein, nur Silberfische.«

Mama und Papa unterhalten sich über Finanzen und insbesondere Zinsen.
Linus (5): »Das kenn ich, das haben Katzen auf dem Bauch, und da kommt Milch raus für die Katzenbabys.«

Mama zeigt Leonie (4) Margeriten in ihrem Garten.
Leonie: »Margeriten sind eigentlich nur lang gezogene Gänseblümchen!«

Der Förster macht mit der Kindergartengruppe einen Rundgang durch den Wald. Er fragt: »Welche Tiere leben denn hier bei uns im Wald?«
Ole (3), ganz aufgeregt: »Wildschweine, Rehe und Nashörnchen.«

Draußen regnet es in Strömen. Es stürmt dabei heftig.
Klaas (3) ruft aufgeregt: »Mama, es schneit!«
Mama: »Echt? Es schneit?«
Klaas: »Ja, es schneit Wasser!«

Philipp (5): »Papa, die Nachbarn haben jetzt Raubtiere im Garten, die krabbeln auf den Bäumen und verlieren Haare, die sind ganz giftig, deshalb hängen da Schilder am Baum, und alles ist abgesperrt.«
Papa: »Das sind aber doch keine Raubtiere, sondern Raupen.«
Philipp: »Sag ich doch, Raupentiere.«

Kevin (3) sitzt in einem edlen Restaurant. Als eine Mücke auf seinem Arm landet, ruft er ganz panisch und laut: »Maus!«
Die Gäste und die Kellner geraten kurzzeitig in Hektik.
(Kevin hatte gerade erst die Tiere gelernt und ist wohl ein wenig durcheinandergekommen.)

Es regnet. Silas (3): »Die liebe Sonne duscht gerade, und danach macht sie Heia.«

Fine (5) sieht das erste Mal einen Dalmatiner und sagt voller Begeisterung: »Papa, schau mal, ein ganz pünktlicher Hund.«

Lina (3) nach einem Herbstspaziergang: »Mama, ich finde übrigens alle drei Jahreszeiten toll.«
(Den Frühling hat sie vergessen.)

Manja (4) sieht in einem Restaurant ein Rehfell an der Wand. Sie sagt zu Mama mit Blick auf den Kellner: »Sag dem Mann, er soll dem Reh sein Fell zurückgeben, das friert doch ohne.«

Körper & Gesundheit

Oskar (5) kratzt sich am Kinn und sagt: »Mama, mich juckt es hier. Das ist bestimmt ein Pickel.« Nach kurzer Pause meint er: »Es könnte aber auch ein Bart sein!«

Ansgar (3): »Mama, wenn ich das nächste Mal ein Aua habe, dann will ich nicht ins Krankenhaus. Spucke draufmachen reicht …«
Ansgar wurde gerade mit einer Gehirnerschütterung ins Krankenhaus gebracht.

Marius (3) war mit seiner Mama zum Impfen beim Arzt. Als sie wieder zu Hause sind, verkündet er: »Mama, das war keine gute Idee, zum Arzt zu gehen.«

Die Großeltern sind mit Caprice (6) unterwegs. Sie gehen an einem gedüngten Feld vorbei, und Opa sagt: »Puuuh, hier stinkt es.«
Caprice, nach einer fast überstandenen Erkältung: »Gut, dass mir die Popel meine Nase verstopfen.«

Mama zu Lukas (5): »Sag mal, hast du vielleicht was an den Ohren, du sprichst so laut in den letzten Tagen.«
Lukas lacht: »Wieso an den Ohren? Mein Mund spricht doch so laut.«

Ida (3) »Mamiiiii, komm mit rutschen!«
Mami: »Ich bin schon zu groß und passe nicht mehr auf die Rutsche!«
Ida, während sie Mamis Rock hochzieht: »Nein, du hast einen ganz kleinen Po!«

Bastian (10) ist mit Mama beim Utraschall der inneren Organe. Er fragt, ob er auch mal ihr Herz sehen darf:
»Die Mama hat bestimmt ein großes Herz.«

Robin (4) ist erkältet und hustet viel. »Mama, weißt du, warum ich so erkältet bin?«
Mama: »Das liegt wohl am wechselhaften Wetter, es ist immer abwechselnd warm-kalt.«
Robin: »Nein, Mama, ich hab am Wochenende zu viel gesungen, deshalb bin ich erkältet.«

Alessandro (4): »Mama, warum singst du die ganze Zeit das gleiche Lied?«
Mama: »Ich hab 'nen Ohrwurm.«
Alessandro steht auf, sieht in Mamas Ohr und fragt: »Wo ist ein Wurm?«

Oma: »Luca, ich habe dir Haarwachs mitgebracht.«
Luca (10): »Oh cool, wachsen davon meine Haare?«

Luis (4) klettert ein bisschen zu schnell die Treppe zum Baumhaus rauf und bleibt hängen. Zuerst weint er ein bisschen und sagt dann mit verheulter Stimme: »Das kommt bestimmt morgen bei ›Upps! – Die Pannenshow‹.«

Alexa (7 Jahre): »Wie kann das Gehirn überhaupt denken? Hat es auch ein Gehirn, oder was?«

Mama sagt zu Leni (4): »Leni, du weißt ja, dass deine Tante heute Geburtstag hat. Was muss man ihr denn dann wünschen?«
Leni: »Ganz viel Schminke, dass sie sich schön schminken kann. So wie du, Mama!«

Mama: »Räumst du bitte dein Zimmer auf!?«
Neele (5): »Das geht leider nicht. Ich habe Bauchschmerzen in beiden Händen und Beinen.«

Niklas und Oma besuchen Uropa zum Sommerfest im Altenheim. Oma: »Oh, ich hab wieder Rückenschmerzen.«
Niklas daraufhin völlig ernst zur Pflegerin: »Habt ihr für meine Oma noch ein Zimmer frei?«

Mia (5) beobachtet konzentriert, wie Oma sich auszieht und in ihren Badeanzug schlüpft. Als sie kurz »komplett ohne« ist, sagt sie: »Cool, Oma, jetzt weiß ich auch, wie du von innen aussiehst!«

Tom (9), nachdem er gehört hat, dass ein Nachbar einen Herzinfarkt hatte: »Herzinfarkt, das ist eine gefährliche Krankheit, da musst du sofort operiert werden … oder eingeschläfert.«

Philipp (4) sieht durch die offene Badezimmertür, wie sich Mama eine Slipeinlage in die Unterhose legt.
Philipp, ganz neugierig: »Ohhhhhh, brauchst du 'ne neue Sohle?«

Daniel (7) erzählt von seinem Talent: »Mama, Weltrekord! Ich hab geniest und dabei gepupst, cool, oder?«

Steen (4) ist mit Mama beim Arzt. Er zeigt aufs Skelett und sagt: »Oh, das war aber ein großes Hähnchen.«

Mama zu Ben (4): »Ich glaube, du hast ein Hühnerauge unter dem Fuß!«
Ihr Sohn schaut sie mit großen Augen an und sagt: »Oh nein Mama, werde ich jetzt ein Huhn?«

Svenja (5): »Mama, dein Po wackelt ganz schön beim Tanzen. Na ja, du hast ja auch viel davon.«

Darina (5): »Oma, ich mal dich, aber ohne die ganzen Falten.«

Pauline (3) hat Bauchweh und sagt: »Mama, ich hab Bauchweh. Ich glaub, bei mir haben die Wehen eingesetzt.«

Robin (5): »Mama, mein Bein tut weh!«
Mama: »Warum? Was ist damit?«
Robin: »Da lauf ich immer mit. Seit vier Jahren schon.«

Alexander (4) kommt mit Mama vom Einkaufen. Sie haben große Ü-Eier gekauft. Papa trifft sie im Treppenhaus, und Alexander sagt ganz stolz: »Papa, ich hab dicke Eier.«

Niklas (5) möchte nicht aus Mamas Glas trinken: »Du hast andere Bakterien als ich. Deine sind pink und meine sind rot.«

Vincent (2) zur Erzieherin: »Was hast du da im Mund?«
Erzieherin: »Nichts! Er ist leer.« Sie öffnet den Mund, damit er nachschauen kann.
Vincent mit großen Augen: »Du hast einen Knopf auf der Zunge.«
(Die Erzieherin hat ein Zungenpiercing.)

Die Erzieherin ist ausnahmsweise mal ungeschminkt. Selma (5) kommt auf sie zu, schaut sie komisch an und sagt verwirrt: »Was ist denn mit deinem Kopf passiert?«

Mama hat Liebeskummer. Zoey: »Mama, was ist los?«
Mama: »Mein Herz ist kaputt.«
Zoey: »Geht das auch wieder ganz?«
Mama: »Ja, aber das braucht Zeit.«
Zoey: »Ich hab die Kraft, um das wieder ganz zu machen.«
Tut so, als ob sie Mama operiert, nimmt das Herz heraus, klebt es mit Zauberkleber zusammen und setzt es wieder dahin, wo es hingehört.

Mama zu Diana (3): »Oh, haddu Aua macht am Finger?«
Diana: »Neee, mir tut der Finger weh.«

Emmanuel (3), nachdem er sich übergeben hat: »Papa, ich habe vorhin mit der Zunge Kacka gemacht.«

Regina (5) sieht »Scooby-Doo« im Fernsehen. Als die Serienhelden in einer Höhle eingeschlossen sind, die Luft knapp wird und sie drüber sprechen, dass sie bald ersticken, sagt sie: »Weißt du, Mama, ich würde einfach weiteratmen!«

Luan (6) fragt seine beleibte Tante: »Wie viel wiegst du denn?«
Sie antwortet: »Keine Ahnung.«
Daraufhin zieht er die Waage unter dem Bett heraus und sagt: »Gleich hast du eine Ahnung.«

June (3) soll Mittagsschlaf machen. Eine Stunde lang hört Papa sie mit ihren Kuscheltieren spielen.
Papa ruft: »Maus, hast du schon geschlafen?«
June: »Papaaa! Komm mal rein, ich popel gerade.«

Maximilian (3): »Papa, ich habe Pipi gemacht.«
Papa: »Wo denn?«
Maximilian: »Ich habe Pipi in die Hose gemacht.«
Papa: »Warum hast du nicht auf der Toilette gemacht?«
Maximilian: »Es ist einfach aus meinem Penis raus, und ich habe ›schhhhht‹ gemacht, aber mein Penis hat nicht auf mich gehört.«

Charlotte (7) hat sich beim Trinken verschluckt: »Mama, mir ist fast das Wasser im Hals stecken geblieben!«

Mama: »Warum nimmst du den Rüssel von deinem Elefanten in den Mund?«
Ida (3): »Babys machen das, auch weil die ein bisschen blöd sind … Aber ich bin nicht blöd, ich wollte das nur mal ausprobieren.«

Mama: »Schatz, hast du eingepullert?«
Ansgar (4): »Nein, Mama, meine Hose ist nur traurig.«

Jonas (3) sitzt auf dem Schoß seiner Tante. Er berührt ihre großen Brüste und fragt: »Was ist das?«
Tante: »Das ist mein Busen.«
Jonas: »Ich hab dich trotzdem lieb.«

Johannes (4) untersucht als Arzt die ganze Familie, nur Oma lässt er aus. Als diese sich »beschwert«, warum sie nicht drangekommen ist, antwortet er: »Alte Leute müssen zum Tierarzt!«

Mama möchte erneut erklären, was beim Zahnarzt gemacht wird, plötzlich antwortet Klara (5): »Ach Mama, das hast du mir doch alles gestern schon erzählt!«

Mama: »Bitte nicht auf mich springen, ich hab Rücken.«
Svenja (6): »Also ich finde, du hast eher Bauch als Rücken …«

Andi (5) spielt Krankenwagen: »Tatütata – da ist der Patient – schnell, er muss beatmet werden – holt das Sauerkraut raus.« (Er meint den Sauerstoff.)

Miriam (5): »Konnte der Blinddarm früher mal sehen, oder warum heißt der so?«

Maja (5) zu ihrem Bruder (8), als er ihr zum wiederholten Mal nicht zugehört hat: »Sag mal, bist du blindhörig, oder was?«

Mama: »In der Hose sehe ich aus wie eine Ente.«
Gina (4): »Nein, Mama.«
Mama: »Oh, wie lieb.«
Gina: »Enten haben einen kleinen Popo!«

Mama kommt aus der Dusche.
Roman (4): »Mama, du hast keinen Penis!?«
Mama: »Nein.«
Roman: »Na ja, dir wird schon noch einer wachsen.«

Finn (2) läuft zum ersten Mal bewusst nackt durch den Garten. Als er plötzlich Pipi machen muss und es nicht klappt, das »Unheil« mit der Hand aufzuhalten, guckt er völlig verzweifelt Mama an und sagt: »Mama, neuen Penis kaufen.«

Alicia (4): »Meine Mama ist nicht dick, die hat soooo viele Ideen, die Platz brauchen!«

Alina und Vivi (beide 5) unterhalten sich.
Vivi: »Manchmal haben Frauen so lange, hängende Brüste!«
Kommt Lennox (5) dazu: »Ja! Mein Papa hat die auch!«

Maximilian: »Danke, Krankenwagen!«, immer noch weinend, »Mamaaaaa, der Krankenwagen hat meinen Fuß repariert!«
Mama: »Geht es dir besser?«
Maximilian, weinerlich: »Jaahaaaaa!«

Ardian (5) fragt: »Wo ist Papa?«
Mama antwortet: »In Eisleben auf einer Baustelle.«
Ardian: »Hoffentlich friert er nicht, wegen dem Eis …«

Josh (5) sieht Mamas Kaiserschnittnarbe und fragt: »Mama, ist das die Scheide?«

Lena (4): »Meine Augen sehen wie Fenster aus. Die kann man auf- und zuklappen. Da sind aber noch so Härchen dran, da weiß ich nicht, was man mit denen machen kann.«

Ein Buch ist mit der spitzen Kante auf Maximilians (3) Fuß gefallen, was sehr wehgetan hat. Er meint, man müsse den Krankenwagen rufen. Papa kommt angefahren und spielt den Krankenwagen.
Maximilian ruft weinend: »Krankenwagen, Krankenwagen, bitte hilf mir! Mein Fuß tut weh!«
Der Krankenwagen: »Komm, wir müssen deinen Fuß abmachen und reparieren!«

Leon (4) ist krank bei der Kinderärztin.
Ärztin: »Was hast du denn?«
Leon, klagend: »Diesmal keine Mandelentzündung, jetzt habe ich bunten Schnupfen.«

Mama erzählt Oma, dass Liam bald die Mandeln rausbekommt.
Darauf Emma (5): »Ich möchte bitte Pistazien.«

Felix (3) zeigt auf die rot lackierten Zehennägel seiner Tante: »Du blutest an den Füßen.«

Vicky (3), nach einem Wochenende bei Oma und Opa, schockiert: »Und dann hat Opa einfach alle Zähne aus dem Mund rausgenommen.«

Papa hat Zahnschmerzen. Finns (fast 3) einfache Lösung: »Mach ein Pflaster drauf, dann tut es nicht mehr weh.«

Emma (4) ist in der Badewanne: »Mama, die Oma (etwas fülliger) geht nie baden, immer nur duschen, weil die Oma so dick ist und nicht in die Badewanne passt, oder?«
Mama: »Nein, Schatz, die Oma geht nur lieber duschen, und so was zu sagen ist nicht lieb.«
Emma: »Ja, Mama, tut mir leid. Ist ja nicht so schlimm, jeder ist mal dick!«

Nora (2): »Hab ich Windeln an?«
Mama: »Ja.«
Nora: »Dann kann ich ja in die Hose pieseln.«

Emilie (4) hat das erste Mal Durchfall und ruft von der Toilette: »Hilfe, Mama, ich mache Pipi mit dem Po!«

Finn (3) streichelt Papa über den Dreitagebart und fragt: »Sind das deine Stacheln?«

Susi (6): »Papa, bekomme ich so große Brüste wie du?«
Papa: »Klar, mindestens.«
Susi: »Und so große wie die Mama?«
Papa: »Vielleicht …«
Susi: »Na ja, vielleicht werden sie nicht so lang!«

Nora (2): »Ich kauf mir später einen Busen. Einen großen. Den kann ich in die Hand nehmen.«

Oma nimmt John (4) mit, um ihren Krankenschein zu einer Kollegin zu bringen. Wieder zu Hause angekommen, fragt Mama: »Wo wart ihr?«
John ganz stolz: »Wir haben Omas Krankheit weggebracht.«

Luca (9): »Mama, mir tut die rechte Brustbacke weh.«
Mama: »Was tut weh?«
Luca: »Meine Brustbacke. Hinten sind die Pobacken … im Gesicht die Gesichtsbacken … Und an der Brust … sind Brustbacken.«

Liam (5) warnend an Papa: »Papa, Vorsicht, tot sein ist voll gefährlich.«

Mama zu Papa: »Psst, die Kinder sollen das nicht hören.«
Marvin (4) kommt rein: »Ich höre alles, ich hab nämlich Adlerohren!«

Mama zu Papa: »Ich weiß nicht, ob ich eine Krone aus Keramik oder Gold nehmen soll.«
Finja (5): »Kronen sind immer aus Gold, Mama.«

Til (7): »Papa, wann bekommst du deine Zähne?«
Papa: »Wie meinst du das? Ich hab doch Zähne.«
Til: »Nee, die zum Rausnehmen mein ich.«

Oma geht duschen, während Melina (5) in der Badewanne sitzt. Da fragt Melina: »Oma, warum hast du da Haare, die hat die Mama aber nicht.«
Oma: »Na, die Mama macht die halt weg und ich nicht.«
Später im Garten. Oma fasst Melina in die Haare und sagt: »Ich hätte auch gerne so lange Haare wie du.«
Melina: »Dann nimm doch einfach welche von da unten.«

Leo (7) während der Autofahrt: »Wenn wir die Hübbel rauf- und runterfahren, juckt immer mein Schniedel.«

Klara (6) liegt im Bett und singt zur Melodie des Sandmann-Liedes: »Ich bin müde. Ich bin müde, weil meine Augen schwitzen.«

Brandon (3) hat Kopfschmerzen. Da er nicht weiß, wie er es Papa sagen soll, sagt er: »Papa, mir tun die Haare weh.«

Nina (4) muss Blut abgenommen werden. Um sie nicht zu erschrecken, piekst die Krankenschwester sie in den Finger und sagt: »Gleich kommt die rote Tinte.«
Nina ganz trocken: »Das ist keine rote Tinte, das ist Blut!«

Tizian (12) übergibt sich gerade und sagt nach dem ersten Schwung: »Wow.« Und dann, mittendrin: »Sind wir jetzt fertig, Körper?«

Lea (3) sieht die Zähne von Uroma auf dem Tisch liegen. Sie fragt geschockt: »Wieso kannst du deine Zähne rausnehmen? Meine sind festgeklebt.«

Yuna Liz (3) ist rückwärts von der Couch gefallen und hat sich wirklich böse am Couchtisch gestoßen. Zuerst hat sie geweint. Als sie sich beruhigt hatte, war ihr Kommentar: »Na, zum Glück ist die Wohnung nicht kaputtgegangen.«

Noah (4) sieht Mama auf der Toilette: »Mama, warum hältst du deinen Pipimann nicht runter?«
Mama erklärt, dass sie keinen hat. Da schaut er ganz erschrocken nach unten: »Fällt mein Pipimann auch noch ab?«

Lucie (5) zu den anderen Kindern: »Ihr seid zu laut, ich höre euch bis in mein Gehirn!«

Maja (5) ist mit Oma und Opa im Urlaub. Sie hat sich wehgetan. Aus der kleinen Wunde tropft ein winziges bisschen Blut.
Maja: »Ich brauche ein Pflaster!«
Oma: »Ich habe kein Pflaster mitgenommen.«
Maja vorwurfsvoll: »Wer hat denn den Koffer gepackt?«

Paulina (6) gähnt. Oma sagt: »Oh, da ist jemand müde.« Paulina darauf: »Ich bin nicht müde, ich hab zu wenig Luft im Gehirn.«

Mia (7) freut sich, dass sie bei Oma ist. Sie sitzen auf der Terrasse und reden über Gott und die Welt. Mia irgendwann: »Du, Oma, ich fühl grad so richtig mein Leben.«

Miklas (4) hat sich das Kinn gestoßen.
Papa: »Zeig mal, wo genau tut es denn weh?«
Miklas: »Am Bart.«

Felix (5) erzählt von seiner Halsentzündung: »Ich war ganz krank – ich musste Antiblutikum nehmen.«

Lucie (4) hüpft ins Elternbett und direkt in Papas Eingeweide. Papa heult auf vor Schmerz. Lucie: »Tschuldigung Papa, bin ich in deine Scheide gesprungen?«

Justin (4) weint. Erzieherin: »Was ist denn los?«
Justin, während er auf sein Handgelenk zeigt: »Da war eine Ameise, und die ist mir ganz feste hier draufgetrampelt, und jetzt tut es weh.«

**Beim Frühstück in der Kita, Erzieherin zu Mailo (3): »Warum hältst du dir die Ohren zu?«
Mailo: »Na, die Möhren krachen so laut in meinem Mund.«**

**Oma zu Saskia: »Du hast wirklich Papas Haare ...«
Saskia (3) erschrocken: »Hat Papa jetzt eine Glatze?«**

Fiona (3) spielt mit ihrer Puppe Doktor und Patient und sagt zu ihr: »Ach, Milly, ich kann dich leider nicht zum Arzt fahren. Ich bin noch nicht achtzehn. Dann musst du jetzt wohl sterben.«

Papa: »Leon, nicht popeln! Hier, nimm ein Taschentuch, dann kannst du schnäuzen.«
Leon (5): »Der geht nicht mit Schnäuzen raus, das ist der Chefpopel.«

Ben Luca (3) sieht Papa beim Rasieren und rennt danach schnell in die Küche zu Mama: »Mama, Mama, der Papa hat ganz viel Schlagsahne im Gesicht.«

Michael (4): »Ich mag keine Mandeln, davon bekomme ich Mandelentzündung.«

Camille (3) sitzt in der Badewanne. Als sie sich ihre verschrumpelten Hände ansieht, sagt sie: »Schau mal, ich hab Omafinger.«

Lilly (5): »Papa, mein Arm tut weh, ich glaub, meine Knochen sind nicht mehr zusammen.«

Papa und Karel (5) reparieren eine Deckenlampe. Papa fragt: »Was würdest du jetzt machen, wenn ich einen elektrischen Schlag bekomme?«
Karel: »Ich nehm mir deine Uhr.«

Erzieherin: »Jonas, schnell jetzt.«
Jonas (4): »Ich kann nicht mehr, meine Akkus sind leer.«

Valentina (4) im Bad mit Mama: »Mama, wieso hat deine Vagina einen Bart?«

Alissa (2): »Oh, nicht gut, wenn ich die Treppe runterfalle. Dann blute ich am Kopf und muss Haare waschen.«

Gyda (2) sitzt zwischen Mama und Papa auf dem Sofa, als Mama etwas riecht.
Mama: »Gyda, hast du Kacka gemacht?«
Gyda: »Nee ... Loki (der Kater) Kacka macht.«
Mama: »Loki hat Kacka gemacht?... In deine Windel?«
Gyda: »Ja ... voll eklig.«

Caspar (3) wurde von seinem Bruder beim Fußball in die Wade getreten und weint: »Mama, mir tut es doll weh am Hinterschienbein!«

Arbeit & Geld

Papa: »Was möchtest du später mal als Beruf machen?«
Elli (5): »Oma.«
Papa. »Wieso denn Oma?«
Elli: »Die sind immer nett, alle mögen sie, und die müssen nicht arbeiten.«

Maja (6) fliegt mit Tante und Oma nach Paris in den Urlaub. Mama rätselt, wie viel Taschengeld sie ihr mitgeben kann.
Maja: »Was? Nur fünfzig Euro? Das reicht doch nicht mal einen ganzen Tag!«

Diego (7): »Mama, wenn wir irgendwann reich sind wegen deiner guten Arbeit, dann können wir alles in Gold kaufen!«

Luca (10): »Ich werde später Kellnerist.«
Mama: »Du wirst was?«
Luca: »Na, ich werde Polizist, und wenn ich frei habe, bin ich Kellner … also Kellnerist!«

Korbinian (9) ist mit seinen Eltern und seiner Schwester Kim (11) auf der Autobahn unterwegs. Sie überholen einen Reisebus, in dem vorne zwei Busfahrer sitzen. Korbinian: »Warum haben die zwei Busfahrer dabei?«
Kim: »Na, wenn einer stirbt …!«

Mama vor H&M: »Da geh ich noch kurz rein, ich muss dir eine neue Hose kaufen.«
Karla (2) verständnislos: »Mama, aber ich hab doch eine an.«

Mia (fast 8): »Eigentlich braucht die Oma mir kein Geld zu geben – die weiß sowieso, dass ich ihr, wenn ich erwachsen bin, mehr Geld zurückgebe, als sie mir gibt.«

Bjarne (5) erzählt, dass er wegen seines gebrochenen Fußes beim Arzt war.
Oma: »War das ein Orthopäde?«
Bjarne: »Nee, ich glaub, der war ein Deutscher, der hat geredet wie wir.«

Linus (7), nachdem Papa ihm erklärt hat, warum die Zugführer streiken: »Okay, dann gehe ich morgen auch mal nicht in die Schule und bekomme dann dafür mehr Taschengeld.«

Leonard (10): »Ist doch bescheuert, als Kind muss man in die Schule und als Erwachsener dann auf die Arbeit.«

Die große Schwester (9) möchte mehr Taschengeld und soll dafür Johannisbeeren pflücken. Die Kleine (4) soll auch helfen. Sie schaut sich das alles an und geht dann schaukeln. Auf die Frage: »Warum hilfst du nicht?« Kommt die Antwort: »Ich brauche ja kein Geld.«

Mama sagt über ein Spielzeug, dass Lara (4) unbedingt haben möchte: »Nein, das ist zu teuer.« Lara: »Dann hol doch einfach teures Geld.«

Melli (4) sieht, wie Oma einen Schal strickt und fragt: »Wieso kaufst du nicht einen, das geht viel einfacher.«

Gwen (7) prahlt: »Mein Vater ist Geisterwissenschaftler.«

Lars (5) erklärt seinen Eltern: »Urlaub fahren geht nicht, das kostet Geld, und gleichzeitig arbeitet ihr nichts und verdient kein Geld – da werden wir arm.«

Tom (5): »Meine Mutter ist Pflegeschwester und hilft alten Leuten und wäscht die. Ich will auch mal Pflegebruder werden, weil die alten Menschen sich nicht waschen können und sonst stinken.«

Robin (5), nachdem er eine Leergutflasche weggeräumt hat: »Mama, wir müssen uns mal einen Aufräumer kaufen. Wenn wir ihn rufen, dann räumt der auf, und wir müssen das nicht mehr selbst machen.«

Vor dem Fernseher, es läuft eine Kindersendung.
Luca (11): »Oh Mami, der Junge ist doof, der weiß nicht mal, was ein Buchhalter ist.«
Mami: »So? Was ist denn ein Buchhalter?«
Luca: »Na, ein Regal!«

Enkeltrick mal anders.
Yannick (6): »Opa, kannst du mir zehn Euro wechseln?«
Opa: »Ja, in was denn?«
Yannick: »In zwanzig Euro.«

Mama: »Wer ist Mamas Schatz?«
Finn (2): »Papa Mamas Schatz!«
Mama: »Und was ist Finn?«
Finn: »Finn Feuerwehrmann!«

Winterurlaub. Im Geschäft wird eine Skiausrüstung für Luke (6) ausgeliehen. Als es ans Zahlen geht, meint er zur Verkäuferin: »Warum müssen wir bezahlen? Ihr bekommt das doch alles wieder.«

Ben (5) fährt mit seinem Fahrrad gegen das Auto der Nachbarin. Sie kommt raus, tröstet Ben und sagt: »Ist nicht schlimm. Gab keine Beule.« Darauf Ben: »Okay, Papa hätte aber so viel Geld, der hat erst das Haus gekauft. Da kann er dein Auto schon längst bezahlen!«

Felix (6), der kein Geld dabeihat, um etwas zu kaufen: »Okay Papa, dann leihst du mir das Geld einfach aus.«
Papa: »Ja, okay und wie lange?«
Felix: »Am besten ganz lange. So lange wie Schenken.«

Rasmus (4) zählt auf, was er seinem Bruder alles zum zweiten Geburtstag schenken will.
Mama: »Mit welchem Geld möchtest du das bezahlen?«
Rasmus, ganz selbstverständlich: »Na, mit deinem!«

Die Eltern unterhalten sich über Geld.
Lars (6): »Warum arbeitest du nicht an der Tankstelle?«
Mama: »Wieso sollte ich?«
Lars: »Da verdient man echt gut, die haben sehr hohe Preise …«

Auf dem Weg zum Kindergarten.
Svenja (4) über einen Bauarbeiter: »Papa, der hat es gut, der kann den ganzen Tag im Sand spielen und muss nicht auf die Arbeit wie du.«

Kim (5): »Mama, gibt es eigentlich Schokoladetester als Beruf?«
Mama: »Ich glaube nicht.«
Kim überlegt: »Hmm, dann werde ich halt der Erste.«

Mama: »Nein, Lukas, dafür habe ich leider kein Geld.«
Lukas (5): »Dann geh doch zur Bank, aus dem Automaten kommt immer Geld.«

Luke (7): »Schau, Mama, ich habe dir ein Haus gebaut!«
Mama: »Oh! Das ist so lieb!«
Luke: »Kannst du gerne mieten.«

Nachdem der erste Wackelzahn Ende Dezember raus ist, ist Klara (fast 6) im Spielzeugladen.
Verkäuferin zu Klara: »Ist wohl dein Weihnachtsgeld?«
Klara: »Nee, nee, ich hab meinen Zahn verkauft, damit ich Spielzeug kaufen kann!«

Sandra (9) zu Papa, der auf dem Weg zu einem Vorstellungsgespräch ist: »Aber pass auf, dass du auch alle Fragen richtig beantwortest …«

Mama: »Ihr dürft euch heute mit dem Geld von Oma was kaufen.«
Manu (6): »Super! Dann kauf ich mir eine neue Mama, die nie schimpft!«

Malin (5) weckt morgens die Eltern mit der Frage: »Papa, wenn ihr mal sterbt, bekomme ich dann euer Geld?«

Papa: »Boah, ich hab heut keine Lust auf die Arbeit.«
Leopold (5): »Papa, ich kann für dich auf der Arbeit anrufen und sagen, dass du nicht kommst.«

Julie (4): »Papa, später werde ich mal Feuerwehrmannfrau.«

Im Freibad.
Mama: »Ida, kannst du bitte kurz auf unsere Tasche aufpassen, während ich mich umziehe?»
Ida (4): »Na klar!« Zu jedem, der vorbeiläuft: »Ich pass nur auf die Tasche von meiner Mami auf, weil da ihr Handy drin ist. Und ihr Schlüssel. Und gaaaaaaanz viel Geld!«

Mama: »Was möchtest du eigentlich mal werden?«
Lion (6): »Also erst werde ich Polizist und dann Verbrecher.«
Mama: »Oh … Warum denn das?«
Lion: »Erst lerne ich, wie man Verbrecher findet, und dann weiß ich, wie man es machen muss, ohne gefunden zu werden.«

Mama erklärt Mira (6), dass Papa auf Lehrgang ist, damit er in Zukunft die Brötchen verdienen kann.
Mira am nächsten Tag in der Kita zur Erzieherin: »Mein Papa ist auf Lehrgang, damit er weiß, wie man Brötchen kauft.«

Maximilian (5) möchte von Mama wissen, was sie beruflich macht: »Gell, Mama, du bist auf dem Zug, ein Zugbehälter?«
(Mama ist Zugbegleiterin.)

Mami: »Ich muss jetzt noch zwei mal drei Tage auf Fortbildung.«
Marie (10): »Und wenn du das alles gelernt hast, dann bist du ganz schön eingebildet.«

Lena (5): »Was hat dein Vater eigentlich für einen Beruf?«
Sophie (5): »Mein Vater hat eigentlich gar keinen richtigen Beruf. Der sitzt den ganzen Tag vor dem Computer und ist im Internet.«
(Ihr Vater ist Softwareentwickler.)

Philipp (6): »Ich werd mal Arzt.«
Mama: »Toll, dann kannst du uns immer behandeln.«
Philipp: »Aber ihr müsst mich anrufen und einen Termin machen.«
Mama: »Was? Können wir nicht ohne Termin kommen? Müssen wir dich auch noch bezahlen?«
Philipp: »Klar, sonst verdiene ich ja kein Geld.«

Im Kindergarten wird über Berufe gesprochen. Philipp (3) sagt: »Ich werde später mal Tourist.«

Mama arbeitet als Verwaltungsangestellte bei der evangelischen Kirche. Tochter Sophia (5) erklärt das so: »Die Mama ist Göttin.«

Erziehung

Mama: »Du bist ein Sturkopf!«
Andi (4): »Nein, DU bist ein Stuhlkopf!«

Lauri (6): »Mama, darf ich den Fernseher anmachen?«
Mama: »Nee, bleibt aus. Geh doch lieber spielen.«
Lauri: »Ach menno, das muss ich ja auch noch.«
(Ja, ein Kinderleben ist soooo anstrengend.)

Mama abends beim Zubettgehen: »Wenn du nicht brav bist, dann fällt die Geschichte heute ins Wasser!«
Becky (4): »Mir doch egal! Geschichten können ja nicht nass werden!«

Shani (6): »Mama, hab ich gestern schon geschlafen, als ihr ins Bett seid?«
Mama: »Ja, hast du.«
Shani: »So ein Mist, ich wollte Papa mit meiner Wachheit bestrafen!«

Mama und Philipp (7) packen im Supermarkt die Artikel aufs Band. Plötzlich merkt Mama, dass ein Joghurt aufgeplatzt und über ihr neues Shirt gelaufen ist. Sie schimpft kurz leise und sagt dann: »Hm, na ja, ist ja nicht so schlimm, geht ja wieder raus.«
Philipp ruft: »Freu dich nicht zu früh, das trocknet noch ein!«

Jasmin (6) fährt auf ihrem Roller vor Mama her. Als ihr eine ältere Frau entgegenkommt, grüßt Jasmin mit einem beherzten »Hallo«. Die Frau grüßt zurück, und Mama nickt ihr freundlich zu. Kurz darauf fragt Mama Jasmin: »Kanntest du die Frau?« Jasmin: »Nö. Aber man kann ja mal höflich sein!«

Gesamte Familie im Garten. Opa sagt zu Enkelin Laura (3): »Gleich kommt Papa mit der Schubkarre vorbei, da musst du dein Spielzeug aus dem Weg räumen.«
Laura ganz trocken: »Heul doch!«

Simon (3) wirft einen Ball in der Wohnung.
Mama: »Simon, du sollst in der Wohnung nicht Ball spielen.«
Simon: »Aber der ist alleine hochgefallen!«

Mira (4): »Mama, wenn ich mal groß bin, will ich auch so schimpfen können wie du!«

Mama: »Emma komm her und räum sofort die Stifte auf, sonst fliegen sie in den Mülleimer!«
Emma (5): »Die können gar nicht fliegen!«

Hannes (fast 3) steht abends wieder auf. Nachdem er wieder leise ins Bett gegangen ist, fragt Mama: »Schatz, warst du gerade unten?«
Hannes: »Nein.«
Mama: »Du warst doch gerade unten!«
Hannes: »Das war ich nicht. Das war ein Geist!«

Milan (2) sitzt auf der Toilette und ruft: »Ich bin fertig.« Nachdem keiner reagiert, noch einmal: »MAMAAAA, PAPPAAAA, ich bin fertig.« Keine Reaktion. »Ich bin fertig, und ich weiß, dass ihr mich hört ...«

Im Garten kommt Mama nicht oben ans Gartenregal und steigt dazu auf eine Holzbank, die sich bedenklich durchbiegt.
Philipp (7): »Oh Mama, die hält dich nicht mehr lange aus.«
Mama: »Soooooo schwer bin ich gar nicht mehr, hab schon ein Kilo abgenommen.«
Philipp: »Wer sagt das?«
Mama: »Die Waage heute morgen.«
Philipp lacht los und ruft: »HA, die Waage hat dir gar nix zu sagen.«

Im Tropenhaus. Mama: »... und der Vogel da heißt Kakadu.«
Ida (3): »Mama, erstens heißt das ›auf Toilette gehen‹ und zweitens muss ich das gerade nicht.«

Paul (4) will sein Zimmer nicht aufräumen. Mama versucht es mit einem psychologischen Trick: »Du, dann bin ich aber ganz traurig!«
Paul, völlig ungerührt: »Dann bist du eben traurig!«

Armin (5) soll eigentlich schon schlafen und fragt aus dem Bett: »Kann ich noch einen Keks haben?«
Mama: »Nein, du sollst schlafen, und außerdem hast du schon Zähne geputzt.«
Armin: »Der ist ja auch nicht für mich, sondern für Elmo.« (sein Kuscheltier)

Mama: »Weil du aufgegessen hast, darfst du dir jetzt zwei Waffeln nehmen.«
Ida (3) isst erst eine Waffel, nimmt dann eine zweite, wobei noch eine dritte rausfällt. Böser Blick von Mama.
Ida: »Das war aus Versehen.« Sie leckt beide Waffeln an. »Das war auch aus Versehen!«

Zoé (4) bekommt als Strafe keine Schmusetiere heute Nacht.
Zoé: »Mama, dann habe ich ja gleich nix zum Schmusen im Bett.«
Mama: »Na ja, das hast du dir selbst zuzuschreiben.«
Zoé: »Ich kann aber noch nicht schreiben.«

Marie-Ann (6) will abends unbedingt fernsehen, was Mama verbietet. Ihre Reaktion mit theatralischer Geste: »Unter diesen Bedingungen kann ich nicht leben!«

Spätabends hört man auf der Straße eine lautstarke Unterhaltung. Eine Nachbarin ruft aus dem Fenster: »Hier sind Kinder, die schlafen wollen.« Zana (5) möchte, dass Mama auch hinausruft: »Hier ist auch ein Kind, das nicht schlafen will, aber es muss.«

Meiko (5) erzählt stolz, wie der Familienhund auf ihn hört: »Wenn ich ›Sitz‹ sage, dann sitzt er, und wenn ich ›Platz‹ sage, dann platzt er …«

Mama: »So, Maus, jetzt müssen wir wieder Ordnung reinbringen in die Bude.«
Fine (6): »Aba Mama, in der Ordnung find ich immer nix mehr.«

Mama zu den Kindern: »Geht jetzt bitte Zähne putzen!«
Flynn (5): »Nein, ich putze nie wieder Zähne!«
Mama: »Aber dann fallen sie dir bald raus, und du kannst nur noch Suppe schlürfen.«
Flynn: »Macht nichts, ich mag Suppe!«
Mama: »Aber dann kannst du auch deine Bifi nicht mehr kauen.«
Flynn: »Oh! Ich geh Zähne putzen! Ich liebe Bifi!« (Und weg war er.)

Fiona (4): »Ich bin auch streng!«
Erzieherin: »Mit wem denn, doch nicht mit mir, oder?«
Fiona: »Nein, mit der Mama!«

Klara (4): »Papa, kochst du eine Suppe?«
Papa: »War das wohl eine Bitte?«
Klara: »Nein, das war eine Anfrage!«

Zoé (4) droht mit erhobenem Zeigefinger: »Mama, wenn du mir nicht aufräumen hilfst, dann mach ich alles alleine.«

Lara (9) auf die Bitte, doch beim Spülen zu helfen: »Also wirklich, für Hausarbeit fühle ich mich noch nicht bereit.«

Lena (5): »Aber warum möchte Papa keine Katze?«
Mama: »Die machen Dreck, und man muss das Katzenklo immer sauber machen.«
Lena: »Aber das kannst du doch machen!«

Papa: »Jakob, warum hast du immer noch nicht dein Zimmer aufgeräumt?«
Jakob (4) schaut ihn mit großen Augen an, schiebt die Unterlippe vor, streckt die Hände nach vorne und sagt: »Ich hab doch sooo kleine Hände.«

Papa baut Lego mit Alessio (7), nach einiger Zeit sagt der:
»Papa, für einen Anfänger baust du gar nicht so schlecht.«

Papa schaut eine Doku im Fernsehen.
Kim (7): »Papa, hast du früher in der Schule nicht aufgepasst und möchtest jetzt alles wissen, oder warum schaust du dir so was an?«

Im Auto fragt Maria (5): »Papa, darf ich vorne sitzen?«
Papa: »Da musst du noch ein paar Jahre warten.«
Maria: »Tja, Papa, wenn du alt bist, musst du immer hinten sitzen, wenn ich fahre.«

Svenja (5): »Mama, ich darf heute länger aufbleiben.«
Mama: »Nee – wieso das denn?«
Svenja: »Ich habs mir versprochen, und das wird nicht gebrochen.«

Rasmus' kleiner Bruder (1) macht den Vorratsschrank auf. Rasmus (4), begeistert: »Ja, wir bauen Mist!«

Mama: »Nicole, heute vor dem Zubettgehen räumst du aber noch dein Zimmer auf.«
Nicole (5): »Das geht nicht.«
Mama: »Wieso?«
Nicole: »Die Puppen (die alle auf dem Boden liegen) feiern heute Abend eine Party.«

Emil (6): »Ich geh noch mal raus auf den Spielplatz.«
Mama: »Aber doch nicht nur mit dem dünnen Pulli!?«
Emil: »Nein, Karl (Nachbarsjunge) kommt noch mit.«

Silas (8): »Mama, wann schläfst du denn endlich mal wieder länger, damit wir morgens fernsehen können?«

**Mama: »Du gehst jetzt ins Bett, und wenn ich noch einmal das Wort ›Mama‹ höre, gibts morgen kein Eis.«
Kurz darauf, Emil (6): »Frau Schmidt, kann ich bitte was zu trinken haben?«**

Mathis (4) weint laut los. Mama stimmt mit ein. Mathis mit bösem Blick: »Stopp, Mama! Ich bin dran mit Weinen!«

Mami und Ida (3) verpassen ihren Bus.
Mami: »So ein Mist!«
Ida: »So was solltest du nicht sagen, wenn ich dabei bin. Du bist ein Vorbild für mich, und im Moment kein gutes!«

Nachdem alles liebe Zureden nichts hilft, als es darum geht, den Hustensaft zu trinken, sagt Mama: »Sei doch bitte kein Weichei, mein Schatz und trink!«
Daraufhin Emilio (5) empört: »Aber Mama, sei du doch nicht so ein hartes Ei!«

Björn (5): »Mama, die Hände gehen nicht sauberer.«
Mama: »Hast du Seife genommen?«
Björn: »Nee. Ach. Seife. Das ist gut.«

Papa: »Enrico schläft ja immer noch nicht.«
Enrico (4) unter der Decke: »Doooch. Ich schlafe schon!«

Klara (5) kommt mit Papa vom Einkaufen wieder, geht in ihr Zimmer und sagt: »Sag mal, Mama, wieso hast du denn mein Zimmer noch nicht aufgeräumt? Dafür sind doch Mütter da!«

Maximilian (6) zur Oma: »Omaaaa, ich will ein Eis!«
Oma: »Wie heißt das?«
Maximilian: »Ich möchte ein Eis.«
Oma: »Wie heißt das Zauberwort?«
Maximilian: »HOKUS POKUS!«

Fiona (5): »Mama, darf ich einen Deal mit dir machen?«
Mama: »Was für einen denn?«
Fiona: »Du räumst mein Zimmer auf, und ich sage: Hast du toll gemacht.«

Mama ruft Emilia (8) zur Hausarbeit: »Emilia, die Pflicht ruft.«
Emilia ruft aus ihrem Zimmer: »Sag ihr, ich ruf zurück.«

Beim Frühstück.
Mama: »Ida … Jetzt hab ich vergessen, was ich sagen wollte …«
Ida (3): »Du wolltest bestimmt sagen, dass ich mir ein Eis nehmen darf.«

Phillip (7) hat einen Zettel mit »Schlamper-Zimmer« an seine Zimmertür gehängt und sagt: »Jetzt brauch ich nicht mehr aufräumen, das ist bei einem schlampigen Zimmer normal.«

Alice (4) spielt mit dem Essen.
Papa: »Hör sofort auf, mit dem Essen zu spielen!«
Alice laut und empört: »Redet man so mit einer Dame?«

Papa: »Ich helfe kurz der Mama beim Aufräumen, und dann lesen wir was.«
Nala (3): »Ach, Mama schafft das schon alleine.«

Papa: »Sieh mal, du reibst dir die Augen, der Sandmann war wohl da, und du bist schon müde.«
Amelie (3): »Nee, das ist nur Dreck.«

Nach dem Abendessen sagt Mama zu Klara (5): »Geh dir bitte die Zähne putzen!«
Klara: »Wieso? Haben wir morgen etwa einen Termin beim Zahnarzt?«

Oma, Mama und Noel im Auto auf der Autobahnauffahrt, bei der man mehrere Kreise fahren muss.
Mami: »Ui, das ist ja wie im Karussell!«
Noel (4) schaut etwas mitleidig und sagt trocken: »Ach nein, das ist kein Karussell. Oma fährt doch nur die Kurve!«

Karla (4), die etwas müde ist, zu ihrem Vater: »Du willst doch auch gerade, dass du mich trägst, oder?«

Carina (7): »Ich putze heute mal keine Zähne – wir sollen ja Wasser sparen wegen der Hitze …«

Mama und Onkel unterhalten sich. Kommt Naomi (fast 3) zur Mama und ruft: »Stopp, Mama! Ich rede jetzt mit Onkel Ralf!« Dreht sich zum Onkel und sagt: »Hallo, Onkel Ralf!« Dann dreht sie sich um und rennt weg.

**Papa schimpft etwas lauter mit Julius (7) und schließt mit: »Hast du das verstanden?«
Julius, trocken: »Ja. Und die Nachbarn jetzt auch.«**

Mama zu Klara (5): »Wir sollten nicht so trödeln, wenn wir aus dem Bus aussteigen, ich muss dringend auf Toilette.«
Klara, laut: »Das kannst du bei Oma machen, wenn du hier im Bus einpullerst, gibts nur Ärger!«

Torben wird gefragt: »Warum weinst du denn?«
Torben (6): »Ich weine nicht, ich schwitze aus den Augen.«

Robin (6) wird beim Naschen erwischt.
Mama: »Isst du etwa meine Gummibärchen?«
Robin: »Nein, ich mach nur einen Geschmackstest.«

Max (3) kommt barfuß vom Spielen nach Hause.
Mama: »Wo sind denn deine Socken?«
Max: »Die habe ich weggeschmissen, die waren dreckig.«

Mama: »Und, Klara, wer räumt nun auf?«
Klara (5): »Ich könnte es ja machen, aber dann musst du mir eh nur hinterherräumen.«

Mama zu Noel (3), der nicht zuhört: »Hallo, hier spielt die Musik.«
Noel läuft zum Lautsprecher und zeigt darauf: »Nein, hier spielt die Musik.«

Mama weckt Tim (4) für die Kita. Er öffnet die Augen und sagt: »Mami, wieso weckst du mich? Ich will doch noch schlafen.«

Papa zu Mama: »Bringst du dann den Müll runter?«
Böser Blick von Mama.
Papa: »Okay, ich machs.«
Darauf mischt sich Klara (5) ein, streichelt über Mamas Knie und sagt: »Das schaffst du schon, Mama.«

Mama will die Unordnung in Lenis Zimmer aufräumen.
Leni (5): »Mama, du brauchst nicht aufräumen, lass doch einfach den Rollladen runter.«

Mama, als Kira (4) sie um sieben Uhr weckt: »Es gibt Menschen, die um diese Zeit noch schlafen.«
Kira: »Ach Mama, erzähl doch nicht immer so einen Quatsch!«

Emma (9): »Mama! Warum räumst du immer auf und putzt, wenn wir Besuch bekommen? Die denken doch, bei uns sieht es immer so aus.«

Peyton (2) zieht sich im Auto die Schuhe aus.
Oma: »Zieh bitte deine Schuhe wieder an, die brauchst du zum Aussteigen.«
Peyton: »Nein, ich laufe doch mit den Füßen.«

Mama: »Du kannst jetzt noch eine Stunde nackt durch das Badezimmer rennen, oder wir putzen jetzt die Zähne, ziehen uns an und können im Wohnzimmer spielen.«
Finn (fast 3), mit dem Zeigefinger an der Stirn: »Da muss ich erst mal drüber nachdenken.«

Mamas neuer Freund hat die Arme voller Tattoos.
Suri (4): »Wieso hast du dir die ganzen Arme vollgemalt? Das darf man doch nicht.«

Timo (5) spritzt im Schwimmbad die Fenster mit der Wasserpistole nass.
Bademeister: »Ey, hör mal, wer macht nachher die Fenster wieder sauber?«
Timo: »Keiner, mach ich doch gerade!«

Ida (4) über Mamas kläglichen Versuch, ihre Schwester (Krabbelbaby) anzuziehen: »Tja, Mami, du wolltest das Baby haben, nun musst du dich auch anstrengen. ICH helfe dir jedenfalls nicht.«

Mama: »Frag doch mal bitte den Papa, wenn er vom Klo kommt, ob er Milch in seinem Kaffee haben möchte.«
Finn (3) ruft: »Paaaapa, möchtest du Milch in deinem Kaffee, wenn du vom Klo kommst?«

Marvin (4), nachdem Mama geschimpft hat: »Also so eine böse Mama wie dich hab ich ja noch nie gehabt!!«

Nora (4): »Mama, da hat jemand für dich angerufen.«
Mama: »Wer denn?«
Nora: »Das weiß ich nicht.«
Mama: »War es ein Mann oder eine Frau?«
Nora: »Eine Frau!«
Mama: »Und hat sie gesagt, dass sie noch mal anruft?«
Nora: »Nein, ruf du doch an!«
Mama: »Aber Nora, wenn ich nicht weiß, wer es war, kann ich sie doch auch nicht anrufen.«
Nora (schleppt das Telefonverzeichnis herbei): »Aber die steht doch sicher hier drin.«

Maja (4): »Mama, noch zehn Minuten spielen, oder wenigstens 'ne halbe Stunde.«
Mama: »Okay, zehn Minuten.«
Maja: »Du bist die Beste!«

Im Schwimmbad. Mama: »Bevor ihr jetzt losrennt, was sind die Regeln, die wir besprochen haben?«
Felix (8): »Duschen, bevor wir ins Wasser gehen, immer zusammenbleiben und Arschbomben vom Rand nur, wenn der Bademeister nicht schaut.«

Mama: »Lia, du sollst nicht mit dem Essen spielen! Wie oft denn noch?!«
Lia (5): »Dreimal, Mama.«

Beim Einkaufen. Fiete (4) zu Mama: »Mama, kannst du mal etwas halten?«
Mama: »Ja, was?«
Fiete: »Den Mund.«

Mama: »Warum ist das in deiner Schultasche, wenn du es nicht brauchst?«
Lukas (7): »Du hast auch vieles in deiner Handtasche, was du nicht brauchst.«

Kristin (4) hampelt beim Essen am Tisch rum.
Mama: »Sitz doch mal bitte still, im Restaurant kannst du auch nicht andauernd aufstehen.«
Kristin: »Doch, wenn man pinkeln muss.«

Finn (3): »Mama, böse Menschen gibt es nur im Fernsehen.«
Mama: »Nee, Finn, das stimmt nicht, böse Menschen gibt es leider auch im echten Leben.«
Finn: »Mama, vielleicht sind die bösen Menschen ja ausgestorben.«
Mama: »Ach Finn, das wäre schön.«

Mama: »Du musst mehr essen, du hast so dünne Beine.«
Renate (5): »Hauptsache, ich kann gut darauf stehen.«

Noah (4) fordert Mama ziemlich, ihr rutscht dann raus: »Wenn du jetzt nicht lieb bist, lernst du mich mal richtig kennen!«
Noah schaut ernst und sagt total überzeugt: »Mama, aber ich kenne dich doch schon.«

Luis (4): »Papa, holst du mir was zu trinken?«
Papa: »Warum gehst du nicht selber?«
Luis: »Weil ich in einem Alter bin, wo Eltern sich noch um ihre Kinder kümmern müssen.«

Paulina (6) zu ihrer Mama: »Ich hasse es, wenn du mich wie ein Kind behandelst.«

Fiete spielt in seinem Zimmer und hat sein Spielzeug über das gesamte Bett verteilt.
Mama kommt rein und sagt: »Wenn du fertig bist mit Spielen, musst du das Spielzeug wieder aufräumen, sonst kannst du nicht im Bett schlafen.«
Fiete: »Kinder müssen gar nicht aufräumen, nur die Erwachsenen, weil die Kinder ja noch wachsen müssen.«

Mama zu Adrian (8): »Du bist ein Faulpelz.«
Adrian: »Ja, so kennt man mich.«

Silas (5) stolpert im Wald.
Mama: »Na, über die eigenen Füße gestolpert?«
Silas: »Ja, meinst du, da lagen andere Füße?«

Mama, total erleichtert, schaut mit gefalteten Händen nach oben und sagt: »Na, Gott sei Dank!«
Silas (7) schaut fragend hoch: »Warum redest du mit der Decke? Du sagst doch immer, dass du mit der Wand redest.«

Mama hat Katharina (4) gerade das Siezen erklärt. Als Mama ein älteres Ehepaar an der Kasse vorlässt, sagt die Frau zu Katharina: »Lässt du mich mal vorbei?«
Katharina, ganz entsetzt: »Warum sagen Sie Du zu mir? Wir kennen uns doch gar nicht.«

Mama, mahnend: »Nicht auf der Straße laufen, da können Fahrzeuge kommen. Lieber auf dem Fußweg laufen.«
Tobias (3): »Ich hab aber Straßenschuhe an.«

Lenja (4) kommt morgens sehr früh ins Elternbett und fragt total munter, immer und immer wieder: »Papa, Papa, gehst du mit mir runter?«
Papa: »Ich möchte noch etwas in meinem warmen Bett liegen bleiben, frag doch mal die Mama!«
Lenja: »Mama, dürfen Papa und ich runtergehen?«

Lisa (7) hat schon öfter Papa beim Schachspielen zugesehen und möchte es nun lernen.
Papa: »Du hast jetzt die weißen Figuren, welches Ziel verfolgst du mit den weißen Figuren?«
Lisa: »Die schwarzen alle umbringen.«

Janis (6) singt, nachdem Mama mit ihm geschimpft hat: »Ich mag Mama nicht, ich mag Mama nicht …«
Mama fragt mit erhobener Stimme: »Was singst du da?«
Janis: »Ich kann nichts dafür, das Lied geht so …«

Jonas (5), der, anders als seine Mutter, bereits fertig gegessen hat, quengelt: »Mamaaa, komm endlich spielen, komm endlich spielen.«
Mama: »Du siehst doch, dass ich noch esse. Mamas müssen auch was essen, wir können nicht nur von Kaffee leben.«
Jonas: »Ja, und Wein.«

Tine (6): »Mama, warum ist Oma so klein?«
Mama: »Na ja, früher wurden die Menschen nicht so groß, und im Alter wird man irgendwann wieder etwas kleiner und fängt an zu schrumpfen.«
Tine überlegt kurz und sagt dann triumphierend: »Wenn du irgendwann kleingeschrumpft bist und ich groß, schicke ich dich auch gaaanz früh ins Bett.«

Mina (4): »Darf ich Gummibärchen?«
Mama: »Nein.«
Mina: »Darf ich Gummibärchen?«
Mama: »Nein.«
Mina seufzt: »Muss ich immer alles dreimal sagen …«

Marina (7): »Papa, warum hast du die Ellbogen auf dem Tisch? Du bist ein schlechtes Vorbild!«

Frederik (4) spielt mit Oma Paketzusteller. Sein kleiner Bruder Vincent will mitspielen, aber Frederik lässt ihn nicht. Daraufhin ermahnt ihn Oma. Frederik zornig: »So, jetzt beliefere ich Sie nie mehr.«

Mama möchte, dass Leander sich abends vor dem Zubettgehen selbstständig auszieht. Leander (4), der keine Lust dazu hat: »Komm schon, du bist meine MUTTER!«

Karol (3) kann schon auf Toilette gehen, aber möchte vor dem Schlafengehen lieber aufs Töpfchen.
Papa: »Und wer soll das dann wegbringen?«
Karol: »Na, du.«
Papa: »Wieso ich?«
Karol, grinsend: »Weil das dein Job ist.«

Carola (6): »Mama, mir ist ein Missgeschick passiert! Ich habe aus Versehen auf dem Boden gemalt und geknetet, und jetzt ist da alles rot und klebrig!«

Mama, noch nicht ganz wach: »Kannst du Papi sagen, dass ich auch einen Kaffee möchte?«
Ida (5) geht in die Küche und kommt kurz darauf wieder: »Ich habe noch ein ›Bitte‹ für dich eingesetzt, sonst hättest du nämlich keinen Kaffee bekommen.«

Mama zu Justin: »Ich hab dir jetzt dreimal gesagt, dass du dein Zimmer aufräumen sollst, und du hast es nicht gemacht. Wenn Papa das sagt, machst du es sofort.«
Justin (4): »Der Papa hat mir das besser erklärt.«
Mama schaut fragend.
Justin: »Der Papa sagt, wenn ich nicht aufräume, kommt er mit einem Staubsauger und einem großen Müllbeutel und schmeißt alles weg, was auf dem Boden liegt …«

Karl kommt vom WC.
Mutter: »Hast du deine Hände gewaschen?«
Karl (4) schnuppert an seinen Händen: »Wieso? Sie miefeln doch gar nicht!«

Maja (4) spielt mit ihren Puppen, dass sie zehn Kinder hat.
Mama: »Die sind aber sehr ruhig und so wohlerzogen, deine Kinder. Die machen ja alle, was die Mama sagt.«
Maja: »Ja, die machen alle, was ich sage und sind ganz brav.«
Mama: »Und warum machen meine Kinder das nicht so?«
Maja: »Tja, Mama, das ist die Erziehung.«

Mama ermahnt die Kinder: »Jetzt füttert doch mal den Hamster. Wer hat ihn sich denn gewünscht?«
Mika (6), unbeeindruckt: »Ja, und wer hat ihn gekauft?«

Familienbande

Mama zum Sohn: »Simon, gibst du mir einen Kuss?«
Tochter Emma (5): »Ich geb dir auch einen Kuss.«
Mama: »Danke.«
Emma: »Dafür sind Kinder da.«

Papa: »Was suchst du?«
Emma (7): »Kann ich dir nicht sagen.«
Papa: »Warum?«
Emma: »Sonst findest du es vor mir.«

Familienfeier. Max (5) möchte Fanta trinken, Papa sagt, wenn man viel Fanta trinkt, bekommt man so einen dicken Bauch wie Onkel Hermann. Max guckt den Bauch von Onkel Hermann an und dann den von Onkel Werner. Er klopft beherzt auf Werners Bauch und fragt: »Na, hast du auch viel Fanta getrunken?«

Oma zu Maja (2): »Sei jetzt bitte lieb. Ich möchte keine bockige Maja!«
Maja: »Du hast aber eine bockige Maja!«

Oma stellt Hannes (3) eine Frage. Daraufhin antwortet Hannes: »Omi, überleg doch mal selber.«

Elisa (5): »Mama, du bist die schönste Frau der Welt.«
Mama freut sich. Pause.
Elisa: »Bis auf Anna und Elsa natürlich, und Lisa aus dem Kindergarten.«

Alex (6), nachdem er beim Spielen verloren hat und sauer auf Mama ist: »Ich seh etwas, was du nicht siehst, und das ist blöd. Brauchst gar nicht zu fragen, das bist DU!«

Mama probiert einen kurzen schwarzen Sommerrock über einer Dreiviertel-Jeans an. Natalie (6): »Ui, Mama, jetzt siehst du aus wie eine Hexe!«

Cora (3) sitzt hinten im Auto. Als Mama ins Auto einsteigt, sagt sie plötzlich: »Ohne Mama fahren wir nicht, stimmt's, Papa? Denn ohne Mama wären wir verloren.«

Jonas (4) zu seinem älteren Bruder Tom (7) beim Einschlafen: »Sag mir Bescheid, wenn du schon schläfst ...«

Mama: »Ich ruf jetzt die Oma an.«
Niklas (5): »Die dicke oder die dünne?«

Oskar (1) hat ein Buch mit Geräuschen geschenkt bekommen. Als Mama auf den Affen drückt und dieser kreischt, dreht sich Oskar um und sagt: »Papa!«

Die Geschwister Jasmin (7) und Nico (10) spielen zusammen Fangen. Jasmin ruft plötzlich ganz trocken: »Mensch, Nico, hast du ein Glück, dass deine Mutter zwei Kinder hat!«

Nils (3) zeigt Opa stolz ein Foto aus dem Zoo.
Opa fragt: »Wer ist das denn auf dem Bild?«
Nils: »Das ist ich.«
Opa verbessert ihn: »Das BIN ich.«
Nils entrüstet: »DU NICHT!«

Mama hat ihren Kopf in den Kleiderschrank gesteckt.
Amy (4) kommt und sagt: »Du bist so schön und wundervoll.«
Mama: »Danke, mein Schatz.«
Amy erwidert knallhart: »Ähm, ich meine meinen Luftballon …«

Beim Abendbrot erzählt Mama, dass der Kater heute auf den Tisch gesprungen ist und das Essen klauen wollte.
Papa: »Jaaa? Was ist das denn für ein freches Tier?«
Phillip (8): »Tja … kommt ganz nach dir!«

Erzieher zu Eric: »Wie alt bist du?«
Eric: »Vier.«
Erzieher: »Und deine Schwester?«
Eric: »Fünf.«
Erzieher: »Und dein Vater?«
Eric: »Sechs.«
Erzieher: »Und deine Mutter?«
Eric: »Sieben.«

Floris (5): »Doch, die Oma ist die Mama von meinem Papa.« Cousine Pia (3): »Nein, das geht nicht. Ich erklär dir das mal. Erwachsene haben keine Mama, und Omas haben auch keine Kinder.«

Mama reicht Zana (3) ein Brötchen.
Zana sagt brav: »Dankeschön.«
Mama antwortet: »Bitteschön.«
Zana: »Nein, das heißt gerngeschön.«

Fionn (5), aus dem Nichts heraus im Supermarkt: »Mama, ich freu mich ja, dass ich einen kleinen Bruder oder eine Schwester kriege, aber eigentlich mag ich keine Viecher, die rumkrabbeln.«

Yuna (6) wird nach zwei Tagen bei Oma von Mama abgeholt. Sie setzt sich ins Auto, knallt die Tür zu und sagt: »Mama, so viel Aufmerksamkeit verkrafte ich einfach nicht.«

Lauriane (6): »Mama, uns drei, also Mathis (Bruder), dich und mich, wird keiner auseinanderbringen können, weil wir uns immer lieben werden, stimmt's?«

Abendessen bei Oma und Opa. Jonas (6) zur kleinen Schwester Lina (4), als diese den Fettrand vom Schinken abschneidet: »Gib das Opa, das frisst Lucy (der Hund) nicht.«

Emilia (4) ruft aus dem Wohnzimmer zu Mama (in der Küche):
»Mama, darf ich das Baby anmalen?«
Mama: »Nein, darfst du nicht!«
Emilia: »Hab ich aber schon!«
(Sie hat ihrem kleinen Bruder mit Kugelschreiber ein ziemlich großes Muster auf den kahlen Kopf gemalt – es hat ihm aber nichts ausgemacht, wie sie versichert.)

Klara (5) schaut in Omas Keksdose und stellt fest, dass sie leer ist. Sie sieht Mama an und sagt: »Es lässt nach mit der Oma!«

Nachbarskind: »Macht dein kleiner Bruder noch in die Windeln?«
Lina (5): »Nee, der macht schon in die Unterhose.«

Helena (10) zu Anna (4): »Das ist mein Zimmer.«
Anna darauf: »Warum ... hast du dieses Haus gebaut?!«

Oma beginnt den Satz mit: »Tja, Klara, Omas sind manchmal ein bisschen …«
Und Klara (5) antwortet direkt: »KOMISCH!«

Onkel sagt zu Annabelle (3): »Weißt du, dass deine Mama meine Schwester ist?«
Annabelle wirft sich an Mamas Bein und ruft panisch: »Nein! Das ist MEINE Mama!«

Mira (6): »Ich freu mich schon auf Sommer.«
Papa: »Auf was freust du dich denn am meisten?«
Mira: »Wenn ich dich wieder in den Swimmingpool schmeißen kann.«

Timon (6), nachdem Papa mit ihm geschimpft hat: »Warum wolltet ihr eigentlich damals Kinder, wenn ihr jetzt immer schimpft?«
Papa: »Wir haben uns das eben schön vorgestellt.«
Timon: »Habt ihr keine Leute gefragt, die Kinder haben?«

Mama singt für Lea (4), weil sie ein bisschen krank ist. Nach wenigen Zeilen steht Lea auf, macht das Radio an und sagt: »Ist schon gut, Mama, ich höre mir lieber die da an.«

Ava (4) zu Oma: »Wenn dich das Schnarchen von Opa zu sehr stört, kannst du auch zu mir ins Bett kommen.«

Angelina (6): »Meine Schwester ist drei Jahre alt!«
Daraufhin sagt genau die Schwester begeistert: »Ich bin auch drei!«

Enrico (4): »Mama, machst du bitte ein Brot? Du bist eine Prinzessin und ein Bäcker.«

Tante: »Möchtest du was mit mir spielen?«
Jeremy (5): »Es wird langsam mal Zeit, Tante, dass du eigene Freunde bekommst.«

Bei einem Ausflug darf der kleine Noah Frei (5) mit Onkel Roman im Auto mitfahren.
Noah sagt: »Onkel Roman, ich werde dir immer sagen, wenn ein Auto kommt.«
Onkel Roman ist einverstanden und wartet bei der nächsten Kreuzung, dass Noah ihm Bescheid gibt.
Weil Noah nichts sagt, fragt Onkel Roman: »Frei, ne?«, und fährt dann weiter.
Nach einer kurzen Pause sagt Noah: »Onkel Roman, du kannst mich auch einfach nur Noah nennen.«

Zoe (4): »Mama, können wir ein Kätzchen haben?«
Mama: »Nein, ich bin allergisch und kann mit Katzen nicht in einem Haus leben.«
Zoe: »Aber du könntest doch im Garten schlafen ...«

Mila (5) bekommt bei Oma mit, wie Kaninchen geschlachtet werden, wenn sie dick genug sind. Eines Tages sagt sie: »Oma, jetzt müssen wir dich bald schlachten.«
Oma: »Wieso?«
Mila: »Ja, weil alt bist du jetzt schon und dick auch schon ein bisschen.«

Rieke (6) kommt an Mama herangeschlichen, schmiegt sich an sie und guckt sie mit verschmitzten Augen an.
Rieke: »Mama, wie sieht's denn aus bei dir?«
Mama: »Wie meinst du das?«
Rieke: »Ich hätte gerne noch eine Schwester!«
Mama: »Man kann es sich leider nicht so aussuchen.«
Rieke: »Na ja, ich nehme auch noch einen Bruder. Habe ja schon Erfahrung damit.«
(Ihre Halbbrüder sind 16 und 14.)

Sophie (4), der langweilig ist, weil die Erwachsenen nur quatschen: »Wann fährt Oma denn endlich wieder?«

Papa zu Anne (fast 4) und Merle (2): »Na, Kinder, ihr habt ja geschlafen wie Steine!«
Anne: »Nein, Papa, wie Kinder«, und dann mit empörtem Blick zu Mama: »Mama, weiß der Papa gar nicht, dass wir Kinder sind?!«

Finja (2) zu ihrem Bruder (1), der gerade ihren Duplo-Klotz geklaut hat: »Nein, Jesper, das ist kein Spielzeug!«

Mama zu Ben (3): »Du bist schön, hast einen tollen Mund, wunderschöne Augen, einen süßen Kullerbauch und bist toll und genau richtig, so wie du bist.«
Ben: »Du bist nicht so toll, Mama, aber ist gar nicht schlimm.«

Erzieherin fragt Karl (3), wann er Geburtstag hat.
Karl: »Im August.«
Erzieherin: »Super, dass du das weißt. Und wie alt ist dein Bruder?«
Karl: »Noch ein bisschen eins. Aber ich weiß nicht, wann er Geburtstag hat. Manno, ich kann ihn nicht mal fragen, weil er ja nicht sprechen kann.«

Joel (3) am Telefon auf dem Weg zu Oma: »Oma, wir kommen gleich zu dir. Mach Essen!«

Mama zu Viola (5): »Möchtest du noch ein kleines Geschwisterchen?«
Viola: »Nein, ihr habt mit mir schon genug Ärger ...«

Lisa (5), nach dem Aufstehen: »Mama, morgens sieht dein Gesicht echt ziemlich komisch aus.«

Klara (5) sagt zu Papa: »Na, wenn ich in deinem Bett schlafe, wo schläft dann die Mama?«
Papa: »Im Bett, Klara, im Bett!«
Klara klopft Mama auf die Schulter und sagt: »Na, da hast du aber Glück, Mama!«

Mama zu Rasmus (4): »Du sollst deinen kleinen Bruder nicht hauen.«
Rasmus: »Ich hau ihn ja gar nicht, ich bewerfe ihn!«

Mama fragt Papa: »Spielt Jonas (15) jetzt eigentlich B- oder C-Jugend?«
Fiete (3) stellt klar: »Fussball spielt er!«

Ben (3): »Mein Vater heißt Nils. Aber sein echter Name ist PAPA.«

Rasmus (5) schlägt seinem kleinen Bruder vor: »Komm, wir spielen Vater-Mutter-Kind. Ich bin der Hund!«

Julian (3) hat einen sehr redseligen Tag.
Oma lacht: »Gut, dass du gleich Mittagsschlaf machst. Dann können meine Ohren kurz Pause machen.«
Julian: »Keine Sorge, ich komme wieder.«

Zana (7) fragt: »Mama, wenn deine Schwester ein Baby bekommen würde, wäre das dann mein kleiner Onkel oder meine kleine Tante?«

Ragnar (2) kommt nach einem Streit mit seinem Bruder zu Mama: »Rasmus hat mich gehaut!«
Mama: »Und was hast du gemacht?«
Ragnar: »Ich hab Aua!«

Mama: »Teilst du morgen das Spielzeug mit deinem Bruder?«
Liam (4): »Das kann ich nicht versprechen.«

Am Ende der Wasserrutsche angekommen. Phillip (5) zu Mama: »Wir passen gut zusammen, Mama, ich bin schnell, und du bist schwer!«

Kira (6): »Ich sehe was, was du nicht siehst, und das ist GELB.«
Josy (8): »Mamas Zähne?«

Mama läuft aus Versehen gegen Paula (5).
Mama: »Entschuldigung.«
Paula, strahlend: »Nicht schlimm, dein Hintern ist ja ziemlich weich.«

Anne (5): »Bevor die Oma eine Oma wurde, war sie auch mal ein richtiger Mensch.«

Mama liest Kristin (5) aus einem Buch über die Dinosaurier vor: »... danach kamen die Säugetiere ...« Kristin nach einer Weile: »Und von welchem Dinosaurier stamme ich ab?«

Mama: »Zitronensaft sorgt dafür, dass Äpfel nicht schrumpelig werden.«
Jesper (5): »Hast du deswegen Duschgel mit Zitronenduft?«

Amelie (5): »Du bist die allerbeste Mama auf der Welt!«
Papa: »Und wer ist der beste Papa?«
Amelie: »Opa, das ist nämlich der Papa von Mama!«

Ben (2) wartet auf den Besuch von Tante Patricia, als es an der Tür klingelt: »Mama, die Tante Pizza ist da.«
(Seitdem heißt sie Tante Pizza.)

Ulrich (3): »Was machen Babys im Bauch alles?«
Oma Diana: »Am Daumen lutschen, strampeln, wachsen, schlafen.«
Ulrich: »Und was macht die Mama?«
Oma Diana: »Sie überlegt, wie ihr Kind heißen soll, und für dich hat sie Ulrich ausgesucht.«
Ulrich daraufhin ganz weinerlich: »Aber ich wollte Oma Diana heißen.«

Papa: »Als kleiner Junge hat mir meine Mutter mal gesagt, dass …«
Robbie (5) schockiert: »Deine Mutter war mal ein kleiner Junge?«

Valerie (5) zu ihrer großen Schwester Eva (7): »Darf ich mitspielen?«
Eva: »Nein, du bist die Kleinste und kannst das noch nicht.«
Valerie: »Ich bin nicht die Kleinste, ich bin die Letztgrößte.«

Emma (6 Jahre) zu ihrer Mama: »Hhhmmm, du riechst gut … heute mal.«

Lina (5) und Ariana (fast 3) spielen. Lina fängt an zu weinen, und ihre Mutter fragt: »Was ist denn los?«
Lina: »Ariana hat mich mit ihrem Pferd gehauen!«
Ariana: »Neeeee!!!! Mit dem Dino!«

Nachdem die Tante Mara (3) Zöpfe geflochten hat, quengelt Mara, weil die Zöpfe nicht so geworden sind, wie sie wollte.
Tante: »Du bist wirklich eine kleine Zicke.«
Mara: »Das habe ich von dir.«

Justus (5): »Mama, Leute, die dich nicht kennen, sagen Frau Schneider. Leute, die dich gut kennen, sagen Julia. Ich kenne dich am allerbesten, ich sage MAMA.«

Maurice (7) zu seiner kleinen Schwester: »Aileen, du bist eine Diva!«
Aileen: »Nein, ich bin nur wunderschön.«

Familienausflug in der Stadt mit Eltern und Großeltern. Als sie an einem Eiscafé vorbeilaufen, sagt Sarah (5) verschmitzt zu Oma: »Oma, sag doch mal deiner Tochter, sie soll ihrer Tochter ein Eis kaufen.«

Leonie (fast 4) hört nicht auf, ihre Schwester Mara (2) zu ärgern und zu zwicken. Mama droht: »Wenn du nicht aufhörst, nehme ich dein Lieblingsspielzeug und schmeiße es in den Müll. Was ist dein Lieblingsspielzeug?«
Leonie: »Mara.«

Opa fragt: »Na, wie geht es denn deinem kleinen Brüderchen?«
Lennart (4): »Ach, der liegt den ganzen Tag im Saustall und schläft.« (Laufstall)

Die schwangere Mama sieht Unordnung im Wohnzimmer und fragt erzürnt: »Wer war das?«
Emily (5): »Ich nicht.«
Denise (3) zeigt auf Mamas Bauch: »Das Baby.«

Lars (5): »Mama, ich weiß, was eine Ur-Ur-Ur-Oma ist. Das ist eine Oma mit drei Uhren!«

Mama hat gekocht und fragt: »Wie ist das Essen, Kinder?«
Marie (4) strahlt: »Lecker, Mama.«
Marlo (6): »Mama, sie meint das ironisch.«

Suse (4) war mit Oma und Opa auf einem Markt im Zelt eines Märchenerzählers. Als sie abends wieder zu Hause ist, fragt Mama: »War der Märchenerzähler gut?«
Suse: »Geht so.«
Mama: »Wieso denn nur ›geht so‹?«
Suse: »Beim Opa kann man sich was wünschen. Wenn man sagt, es soll ein Einhorn drin vorkommen, dann kommt da ein Einhorn drin vor. Das ist viel schöner.«

Carina (4) möchte unbedingt einen Hund haben. Mama erklärt ihr, dass das nicht geht, weil Papa eine heftige Hundehaarallergie hat. Später auf einem Spaziergang sagt Carina: »Wenn Papa mal stirbt, dann suchen wir uns einen Papa ohne Hundeallergie.«

Mama und Jason (5) blättern gemeinsam im Familienalbum. Mama zeigt auf alte Fotos und erklärt: »Das sind Oma und Opa, und das sind Uroma und Uropa.«
Jason zeigt auf einen Hund auf dem Foto und sagt: »Und das ist der Ur-Jacky.« (Der Familienhund heißt Jacky.)

Wortspiele

Turnlehrer im Sportverein: »Teilt euch mal in zwei gleich große Gruppen ein, ich hole in der Zeit die Matten.«
Als er wiederkommt sieht er, wie Bastian (4) dabei ist, alle Kinder nach Größe sortiert in zwei Gruppen einzuteilen …

Dustin (5) sieht ein Cabrio und sagt ganz freudig: »Papa, Papa … ein Dachwegauto!«

Elias (2): »Der Kamin ist der Auspuff vom Haus!«

Im Garten. Niko ruft: »Wer will Softeis kaufen?«
Daraufhin Ben: »Wer will Schwarzer-Teller-Eis?«
(Stracciatellaeis)

Benjamin (5) auf dem Weg nach Hause: »Ich habe gerade ein Auto gesehen, ohne Dach, aber mit Helm.«
(Er meinte ein Quad.)

Guiseppe (7) im Auto zu Mama: »Wenn es eine Papaya gibt, gibt es dann auch eine Mamanein?«

Simon (5): »Die Bauarbeiter sind zu Hause gegangen.«
Papa: »Das heißt ›nach Hause‹. Sag noch mal richtig. Wo sind sie hin?«
Simon: »Heim ...«

Emma (7) singt: »A, B, C, D, E, F, G ...«
Papa zu Simon: »Kannst du auch das Alphabet singen?«
Simon (5): »Ja.« Er singt: »Al-faa-beeeet.«

Leon (3) zeigt auf eine DVD: »Was ist das für ein Film, Mama?«
Mama: »Der Polarexpress.«
Leon: »Warum muss der Zug Pipi machen?«
Mama: »Häh?«
Leon: »Du hast gesagt, das ist der Pullerexpress.«

Simon (5) beim Kindergeburtstag: »Wann spielen wir jetzt Blinde Nuss?«

Amelie (3) möchte gern ein Märchen hören, und Mama fragt: »Welches möchtest du?«
Da kommt aus voller Überzeugung: »Die Bremer Stadtmutanten!«

Morgens fahren Mama und Luis (4) an einer großen Halle vorbei, in der oft Flohmarkt ist.
Luis ruft: »Oh Mama, da waren wir doch mal aufm Zeckenmarkt!«

Karola (4): »Es war eisheiß heute.«
(Ihre Analogie zu eiskalt.)

Mama singt mit Lukas (5): »Alle meine Entchen ... schwimmen auf dem See ... Köpfchen in das Wasser ... Schwänzchen in die ...«
Lukas: »Hose!«

Niklas (5) kaspert mit Papa herum, der wuselt ihm über den Kopf. Niklas schreit: »Fass meine Haare nicht an, die hab ich frisch lackiert.«

Die Familie ist mit dem Auto unterwegs und hat das Navi an. Die Navi-Stimme sagt: »Scharf links!«
Ilyas (3) sitzt hinten und lacht: »Mama, da ist kein Schaf.«

Marty (3), nachdem seine große Schwester das »Seepferdchen« gemacht hat: »Mama, wenn ich groß bin, mache ich auch das Nilpferdchen.«

Während der Beutel vom Staubsauger gewechselt wird, fragt Quirin (3): »Mama, wieso wechselst du dem Staubsauger die Windel?«

Anton (5): »Mama, wir müssen unbedingt die Bärensprache lernen.«
Mama: »Aha, und warum?«
Anton: »Damit ich auch mit den Kindern sprechen kann, die nicht so gut hören können, die Erzieherin hat gesagt, die sprechen die Bärensprache.« (Er meinte Gebärdensprache.)

Kira (4) sieht Mama beim Kochen zu. Als Mama eine Knoblauchzehe in die Hand nimmt, interveniert Kira: »Mama, ich mag kein Klobauch.«

Marie (9) möchte nicht, dass Mama in ihr Zimmer kommt. Sie sagt: »Mama, du kommst hier nicht rein, das ist meine Privatatmosphäre.«

Nele (2) will einen Pullover aus dem Kleiderschrank und sagt: »Mama, hol mir mal einen Tutover aus dem Kalloppenkäfig.«

Nachdem Hakan (4) von anderen Kindern erneut im Kindergarten geärgert wird, kommt er zur Erzieherin: »Ich werde die jetzt rechts liegen lassen, links hat nicht geklappt.«

Abends, Mama ruft: »Yasmin, das Bett ruft.«
Yasmin (3) ruft zurück: »Aber das Bett hat doch gar keinen Mund.«

Tobi (4): »Papa, bitte lies Schneeweißchen und Rosenkohl.«

Ben (9) hört seine Eltern über Ossis und Wessis reden. Anschließend lässt er sich das Ganze noch mal erklären. Später fragt er: »Und welche sind die Assis?«

Mats (5): »Mama, eigentlich müsste es doch Esstaurant heißen und nicht Restaurant, weil man bekommt ja Essen und nicht nur Reste.«

Mira (3) über ihren großen Bruder: »Timo nervt MIR!«
Mama verbessernd: »Timo nervt MICH!«
Mira: »Ja, MIR auch!«

Arwen (6): »Aber Mama, X hat doch drei Buchstaben I, G und S.«

Joseph (4) zu Mama, die in den Garten kommt: »Papa und ich haben das Tor eingecremt, jetzt quietscht es nicht mehr.«

Silas (5): »Oh. Ich hab mich versagt.« (versprochen)

Luis (5) sieht auf dem Spielplatz unter eine Bank und ruft: »Iiihhhh, guck mal, Mama, da liegen ganz viele Raucher.«
(Er meint Zigarettenstummel.)

Emilia (4): »Mama, wann machst du mal wieder Poc-Porn?«
(Pop-Corn)

Papa bringt einen Kumquats-Baum vom Supermarkt mit. Lucia (7): »Und wofür brauchen wir jetzt den Dumm-Quatsch-Baum?!«

Mama rügt ihren Sohn: »Jetzt sei doch nicht so pingelig.«
Zana (6) ist ganz entsetzt: »Mama, hast du gerade gesagt, der Luan ist pimmelig?«

Mike (6) isst leidenschaftlich gern Pommes frites. Seine Mama stutzt seine Lockenpracht auf Streichholzlänge und sagt: »Jetzt bist du wieder mein Fritzchen.«
Ein paar Tage später fragt eine Bekannte: »Mike, wo sind denn deine blonden Locken?«
Mike: »Hat Mama abgeschnitten.«
Bekannte: »Warum, die waren doch so schön?«
Mike: »Weil, jetzt bin ich wieder Mamas Pommfritzchen.«

Nachdem Mama innerhalb eines Tages mehrere Dinge kaputtgegangen sind, versucht Mayla (4) zu trösten: »Och Mama, du bist heute echt ein Pechpilz.«

Kim (3), ganz stolz, nachdem sie den Schneidersitz geschafft hat: »Schau mal, Mama, ich sitze im Kaiserschnitt.«

Beim Quizspielen muss Damien (6) auf Toilette. Als er wiederkommt, sagt er: »Ich war auf dem Klo und hab über die Frage nachgedacht.«
Papa: »Und was ist dabei herausgekommen?«
Damien: »Eine Wurst!«

Nico (10): »Mama, was ist die Mehrzahl von Kaktus?«
Mama: »Kakteen. Wieso?«
Nico: »Na ja, stimmt. Kaktusse klingt auch eher wie eine Beleidigung. Kack Tusse.«

Aron (7) sieht beim Friseur, wie einer Frau die Haare gefärbt werden. Er beobachtete die Szene lange und neugierig, dann fragt er: »Warum hat die Frau Backblech auf dem Kopf?«
(Das Wort Alufolie fiel ihm wohl grad nicht ein.)

Die Katze Fussel spielt mit dem Kabel der Nachtlampe. Manja (4), ganz entsetzt: »Mama, Mama, Fussel hakelt ins Kabel. DA KLECKERT DER STROM AUS.«
(Mama hatte ihr erklärt, dass durch das Kabel Strom fließt.)

Kilian (4) kommt aus dem Bad und riecht wie eine Douglas-Filiale.
Mama: »Wie riechst du denn?«
Kilian: »Ich hab heute Papas Blasdose benutzt.«

Rasmus (4): »Die Hunde wollen sich sonnen. Ich will mich lieber schatten.«

Max (5), nach dem Spieleabend: »Ich war aber Zweit-Erster.«

Papa, nachdem er gestern Sport gemacht hat: »Boah, hab ich Muskelkater!«
Pia (5), nach einer Weile: »Bekommen Frauen eigentlich auch Muskelkater oder eine Muskelkatze?«

Maximilian (3) schreit aus seinem Zimmer: »Mama, ich habe sie nicht mehr alle!« (Es geht um seine Autos.)

Nach dem Besuch bei Oma fragt Emilia (7) ihre Mama: »Haben wir auch eine Fußrutsche?«
(Sie meint einen Schuhlöffel.)

David (7) soll sich beeilen.
Erzieher: »David, gib Gas!«
David: »Ich bin doch kein Auto!«

Katharina (7) schaut auf den Kalender und fragt: »Mama, ist der Faltendienstag ein Feiertag?«
(Sie meint den Valentinstag.)

Adrian (5): »Onkel Thomas, ich bin drei. Und wie viele Käse bist du hoch?«

Charlotte (5) hat eine Maltafel zu Weihnachten bekommen und sie gleich bemalt. Als sie der ganzen Familie ihr Gemälde zeigt, sagt sie voller Stolz: »Schaut mal, wie künstlich ich bin!«

Felix (5): »Warum ist Omi immer zu Hause?«
Mama: »Na, sie ist schon Rentnerin.«
Felix, verdutzt: »Und wo rennt sie da hin?«

Robin (4) macht das Licht aus.
Emma (4): »Jetzt ist Stromausfall.«
Robin macht das Licht wieder an.
Emma: »Jetzt ist Stromanfall.«

Phillip (4): »Männliche Hunde heißen Rüdiger!«

Levin (7) zu Mama: »Mama, weißt du was ›später‹ auf Italienisch heißt?«
Mama: »Nein, was denn?«
Levin: »Espeter.«

Erzieherin: »Warum stotterst du heute so?«
Marlies (4): »Ich hab zu viele Wörter im Bauch!«

Papa zu Lotte: »Weißt du, wo Mama ist?«
Lotte (2): »Mama ist im Bad und mäht sich unter den Armen.«

Max (4) singt lautstark im Supermarkt: »Wie hast du mich gefunden? Einer von achtzig MELONEN ...«
(Frei nach dem Song von Max Giesinger »Einer von achtzig Millionen«.)

Onkel erzählt, dass sein Pferd lahmt.
Gregor (4): »Ist das jetzt eine LAMA?«

Joel (3): »Mein Gehirn hat vergessen zu denken.«

Mama zu Luis (6): »Heute muss ich mir unbedingt die Haare färben, da sind schon graue drin ...«
Luis: »Ooohhhhh... und womit willst du die streichen?«

Liam (4) hat in die Hose gemacht. Seine Erklärung: »Stell dir vor, ich bin einfach ausgelaufen.«

Marie (3) hört, wie ein Musiker falsche Töne in einem Lied spielt und sagt: »Der Musikmacher hat sich verlaufen.«

Leon (4) steht im Bad, geht an den Schrank unter dem Waschbecken und fragt seine Mama: »Hast du eine PC Ente?«

Elisa (3): »Mama, Mama, meine Partybienen (Batterien) von meiner Laschentampe (Taschenlampe) sind alle alle!«

In einer Schüssel mit Bonbons vom Faschingszug findet Nora (4) ein Konfetti: »Guck mal, Mama, ein Helaupunkt!«

Im Kindergarten überlegen Amelie und Sarah (beide 4), was sie als Nächstes spielen könnten. Amelie: »Komm, wir spielen Räuber und Chantal. Kennst du Räuber und Chantal?« (Gendarm)

Mama: »Wenn dich jemand ärgert, dann zeig dem einen Vogel und geh weg!«
Micha (5): »Und was ist, wenn da kein Vogel ist?«

Der erste Abend im Sommerurlaub. Es ist recht spät, und die Grillen zirpen laut.
Jonas (5): »Was ist da draußen so laut?«
Mama: »Die Grillen.«
Jonas, entsetzt: »Waaas, die grillen da draußen? Um diese Uhrzeit?«

Timo (7) kommt nach der Karnevalsfeier in der Schule nach Hause. Auf die Frage, was sie gemacht haben, antwortet er: »Wir haben eine Spaghetti durch die Schule gemacht!«
(Er meinte eine Polonaise und dachte wohl an Spaghetti Bolognese.)

Alex (5) erklärt bei einem Puzzle die Baumaschinen: »Das ist eine Blamierraupe.«

Leopold (5) sieht Mama beim Achselrasieren zu.
Ein paar Tage später: »Mama, wann mäherst du denn wieder mal unter deinen Schultern?«

Jan (6): »Was muss man als Fußballer gut können?«
Papa: »Man muss sich gut durchsetzen können.«
Jan: »Also sitzen kann ich schon gut.«

Jasmin (5): »Papa, an dir wird alles dicker ... nur deine Haare nicht!«

Maximilian (3) wurde beigebracht, dass man das Wort Schei... nicht sagt, sondern schade. Als es stark regnet, ruft er: »Lass uns schnell rein, Tante Gertrud. Es ist so ein Schadewetter draußen.«

Lisa (6) spielt »Polizei«.
Lisa: »Achtung, Achtung, hier spricht die Polizei! Kommen Sie mit verbogenen Händen heraus!«

Mama ist mit Benjamin (4) auf dem Spielplatz. Es ist Hochsommer, plötzlich ziehen dunkle Wolken auf.
Mama: »Schnell nach Hause, jetzt kommt ein Gewitter.«
Benjamin versteht Mama falsch und posaunt: »Schnell nach Hause, jetzt kommt der Winter!«

Lana (5) fragt erschrocken: »Wird Sekt aus Insekten gemacht?«

Sabine (4): »Mama, schau mal, überall Entchenblumen.« (Sie meint Gänseblümchen.)

Leonie (3): »Mami, kannst du bitte meinen Bademantel zuschleifen?!«
(Ein neues Wort für »Zubinden mit einer Schleife« war geboren.)

Papa macht Thilo (3) bettfertig und will wissen, welchen Schlafanzug er gestern anhatte.
Papa: »Worin hast du gestern geschlafen?«
Thilo: »Im Bett.«
Papa: »Was hattest du an?«
Thilo: »Zuerst Benjamin Blümchen und danach Kikaninchen.« (seine Hörspiele)

Luis (3) springt mit einem Flieger in der Hand durch die Kita und ruft singend: »Mein Flieger macht Leggins. Mein Flieger macht Leggins.« (Loopings)

Beim Familientee. Luis (6): »Mama, gibst du mir mal bitte den Klimperzucker.« (Kandis)

David (7) sieht Papa beim Anziehen zu. Auf einmal fängt er an zu lachen: »Auf deiner Unterhose steht Schisser.« (Schiesser)

Fahrt in den Urlaub mit dem Auto, Liv (5) von der Rückbank: »Wie lange dauert die Straße noch?«

Erik (5): »Mama, wie ist denn dein Narkosename?« (Kosename)

Leni (3), nachdem sie beim Spielen verloren hat: »Manno, das ist ungefair.«

Mama geht mit Daniel (4) zu Tengelmann einkaufen. Als sie mit ihm durch die Gänge fährt, fragt er: »Mama, welcher Mann ist denn jetzt der Tengel-Mann?«

Hanna (4): »Mama, bei mir bitte gaanz viel Bruderzucker auf die Waffel.«

Papa sagt immer zu den Kindern: »Jetzt geh flott ins Bett, aber mit drei t.«
Neulich Tilda (5) zu ihrem Bruder, als er aus dem Zimmer gehen sollte: »Raus aus meinem Zimmer, aber mit drei t.«

Die Familie spielt Stadt-Land-Fluss. Der Buchstabe »Z« ist dran, und Marvin (6) fehlt ein Körperteil.
Papa will helfen und fragt: »Was hast du denn im Mund?«
Marvin empört: »Gar nix!«

Fanny (5) soll in der Musikschule Instrumente benennen, die ihr beim letzten Mal vorgestellt wurden.
Lehrerin: »Weißt du noch, wie das Instrument heißt?«
Fanny überlegt: »Irgendwas mit Jesus!«
(Es war ein Fa-Gott.)

Auf dem Heimweg vom Laternenumzug.
Emmi (7) ist pausenlos am Plappern.
Steffi: »Emmi, nun halt mal den Sabbel, du Papagei.«
Emmi: »Ich bin doch kein Plappergei!«

Großwerden & Altern

Mama: »Alexa, benimm dich! Du wirst bald sieben!«
Alexa: »Sagt die Richtige! Und du wirst dreißig!«

David (3): »Mama, ich möchte mal elfzig Jahre alt werden.«

Marla (3) sagt auf einer Familienfeier: »Ich bin Marla und war mal ein Baby.«
Onkel: »Wirklich?«
Marla: »Jaaaaaa, ich war sogar dabei.«

Emma (7): »Papa, ich weiß jetzt, warum du nicht alt bist! Ich bin viel zu jung, als dass du alt sein könntest.«

Emma (6): »Ich will nicht erwachsen werden, die haben keine Zeit zum Spielen ...«

Onkel: »Joshua, was möchtest du werden, wenn du mal groß bist?«
Joshua (4): »Erst mal ein Schulkind.«

Ida (2) und Mama schauen sich Bilder von früher an,
Ida, im süßesten Tonfall und mit großen Augen:
»Mamiiiiiiiiiiiiiii?«
Mama: »Ja, mein über alles geliebtes Knuddelbaby?«
Ida: »Du sahst aber auch schon mal jünger aus!«

Lauriane (6) zu Mama: »Wenn ich Kinder habe, dürfen sie jeden Tag fernsehen!«

Lukas (8) zu seiner Schwester (10): »Ich möchte aber nicht, dass du eine Pubertät bekommst.«

Justin (6) nach dem Besuch des Friedhofs, total enttäuscht: »Toll, ich dachte wir sehen Skelette ...«

Luis (4) im Auto zu seiner Mama (35): »Mamaaa? Wie konntet ihr früher eigentlich malen, nur mit Schwarz und Weiß, Weiß sieht man ja gar nicht ...« (Er hatte Tage vorher Schwarzweißfotos von GANZ früher gesehen.)

Ronny (4) zu Lukas (4): »Wenn wir groß sind, dann chillen wir.«

Niklas (5): »Wenn ich groß bin, kann ich alles machen. Ich bin mal gespannt, mit wem ich dann verheiratet bin. Wahrscheinlich immer noch mit dir, Mama!«

Marion, an ihrem siebten Geburtstag: »Jetzt bin ich schon ein Jugendlicher und nächstes Jahr, wenn ich acht bin, bin ich kurz vor erwachsen.«

Felix (3): »Wenn ich groß bin, werde ich eine Mama.«
Mama: »Aber das geht nicht, du bist ein Junge, du kannst ein Papa werden.«
Felix traurig: »Aber ich möchte doch eine Mama werden.«

Mia (5): »Mama, wenn ich groß bin, kauf ich mir ein rosa Auto.«
Mama: »Oh schön, darf ich da auch mal damit fahren?«
Mia: »Wenn du da noch lebst, ja.«

Marc-Joel (4): »Mama, du bist ja schon groß. Du musst nicht mehr so viel essen, sonst wirst du nur dick!«

Mama liest ein Märchen vor. Zana (5) beendet es mit: »... und wenn du nicht gestorben bist, dann lebst du nur noch heute.«

Sophie (3): »Ich zeig dir, wie das geht, Mama. Morgen, wenn ich groß bin.«

Leonie (4) überreicht Mama ein selbst gemaltes Bild: »Das bist du.«
Mama: »Oh, da sehe ich aber hübsch aus.«
Leonie: »Ja, das bist du, als du noch jung warst.«

Luis (5) wacht morgens auf, sieht Mama an und sagt freudestrahlend: »Nur noch zweimal schlafen, dann bin ich ein Mann.«

Leonie (3) ist zu Besuch bei Oma und Opa.
Opa fragt: »Kannst du mir sagen, wie alt du bist?«
Sie hält drei Finger hoch und ruft: »Und du bist so alt wie der Weihnachtsmann, das sehe ich an deinem Kopf!«

Sven (6) morgens im Bus: »Mama, wenn ich groß bin, geh ich auch wieder in den Freizeitpark.«
Mama: »Ja, da kannst du mit deinen Kindern dann auch hingehen.«
Sven: »Nein, Mama, ich will doch gar keine Kinder.«
Mama: »Warum?«
Sven, ganz ernst: »Kinder sind mir viel zu anstrengend.«

Gespräch mit Enkel Jan (8). Oma erklärt, dass sie dieses Jahr einen runden Geburtstag hat, den sechzigsten.
Jan: »Oh, sooo alt bist du schon, Oma«, er korrigiert sich sofort, »aber du siehst viel jünger aus, erst wie neunundfünfzig oder so.«

Robin (5): »Mama, warum ziehst du Nele (5 Monate) einen Schneeanzug an? Weil es kalt ist?«
Mama: »Nele muss warm angezogen werden, sie kann ja nicht Bescheid geben, wenn ihr kalt ist.«
Robin: »Tja, Mama, ich wohn ja schließlich schon fünf Jahre bei euch, da kann ich euch schon sagen, wann mir kalt ist. Wenn Nele länger bei euch wohnt, kann sie euch das auch sagen.«

Till (8): »Mama, wenn ich erwachsen bin und dann Zwillinge habe, nenne ich den einen Jakob und den anderen Neinkob.«

Oskar (5), der in der Regel vor 20 Uhr ins Bett muss, triumphierend mit erhobenem Zeigefinger: »Wenn ich mal erwachsen bin, gehe ich jeden Tag erst um neun Uhr ins Bett.«

Kian (5) hört, dass man das Paar nach der Hochzeit Mann und Frau nennt und sagt: »Mama, ich muss später nicht heiraten, ich bin jetzt schon ein Mann.«

Lilly (4): »Meine eine Oma ist im Himmel, und meine andere Oma ist auch im Himmel, alle Omas sind im Himmel!«
Isabell (4) protestierend: »Nein, manche Omas sind auch unter der Erde ...«

Als Opa erzählt, dass er bereits 82 Jahre alt ist, fragt Julie (5) erstaunt: »Und wie lange hast du noch?«

Mama: »Enrico, wieso räumst du denn deinen Teppich aus dem Zimmer?«
Enrico (4): »Ich muss den jetzt verkaufen.«
Mama: »Weshalb musst du den denn verkaufen?«
Enrico: »Der ist mir einfach zu klein geworden.«

Timo (8): »Wenn ich mal groß bin, dann brauche ich nicht viel: ein Auto, eine glückliche Familie, eine Arbeit, ein Haus, einen Garten und einen Hund.«
Papa: »Das ist aber schon recht viel.«
Timo, nach kurzem Überlegen: »Na gut, dann lass ich den Garten weg!«

Julius (5) läuft mit Mama über den Friedhof. Als sie an einer geräumten Grabstelle vorbeikommen, meint er aufgeregt: »Schau, Mama, da ist einer ausgebrochen!«

Klara (4): »Mama, wie alt muss man sein, dass man endlich bügeln darf?«

Mama: »Also manchmal werde ich nicht schlau aus dir.«
Laura (7): »Du bist ja auch älter als ich. Ich werde schlau aus DIR!«

Kenneth (3): »Papa, wie alt bist du?«
Papa antwortet: »Sechsundvierzig.«
Kenneth überlegt kurz und sagt dann: »Das ist aber ganz schön teuer.«

Die Eltern schauen sich einen neuen Kindergarten an, und die Betreuerin fragt: »Na, Louis, wie alt bist du denn?«
Louis: »Schon halb sieben.«

Maja (5): »Mama, wann gibt`s den nächsten roten Mond?«
Mama: »Das dauert ganz lang. Da musst du sehr, sehr alt werden.«
Maja: »So uralt wie du?«

Sophie (7): »Wenn ich groß bin, werde ich auch lesbisch. Dann brauche ich nie Angst haben, dass ich schwanger werde.«

Ben (4): »Mama, wenn ich groß bin, will ich auch eine Mama werden.«
Mama, amüsiert: »Warum denn?«
Ben: »Dann kann ich für immer auf den Spielplatz und mit anderen Kindern spielen.«

Pauline (10) sieht ihrer Mama beim Make-up-Auftragen zu und sagt dann: »Schminken hilft bei Falten aber nicht!«

Papa zeigt auf einen Oldtimer und fragt Emil (9): »Wie nennt man Autos, die älter sind als Papa und Mama?«
Emil: »Na, Schrott!«

Jonas (4): »Papa, bald bin ich größer als du, und dann sitze ich auf deinem Stuhl …«, er zeigt aufs Kopfende des Tisches.

Sina (5): »Mama, die neue Erzieherin ist richtig alt. Also nicht so alt wie du, aber … alt!«

Hanna (9), an Mamas dreißigstem Geburtstag: »Ist ja nicht schlimm, dass du alt bist, du kannst ja Omas Faltencreme benutzen und dir die Haare färben, dann siehst du nicht alt aus.«

Tom (9), auf dem neunzigsten Geburtstag von Uroma vor versammelten Gästen: »Wie alt bist du eigentlich geworden?«
Uroma: »Neunzig.«
Tom: »Neunzig? Mann, dann bist du ja schon fast tot!«

Tom (9): »Mama, ist Kathrin (das Kindermädchen) eigentlich älter oder jünger als du?«
Mama: »Jünger, warum?«
Tom: »Und warum kann sie dann besser kochen?«

Finn (3): »Mama, warst du bei den Dinosauriern noch ganz klein?«

Gespräch zwischen Finn (3) und Mama.
Finn: »Mama, hast du eine Mama?«
Mama: »Ich hatte eine Mama, aber die ist jetzt im Himmel.«
Finn: »Wann kommt sie wieder runter?«
Mama: »Sie kann nicht wieder runterkommen, weil sie gestorben ist.«
Finn: »Muss sie jetzt immer in der Luft bleiben?«

Luisa (5) fragt Opa an seinem achtzigsten Geburtstag: »Sind deine Geburtstage nicht mal aufgebraucht?«

Marlene (7): »Meine Lehrerin ist echt sooo alt.«
Mama: »So alt wie ich?«
Marlene: »Nee, so alt auch wieder nicht.«

Alexander (5) fliegt bald in den Urlaub nach Ägypten. Als er erfährt, dass sie dann über den Wolken fliegen werden, sagt er: »Dann kann ich endlich die Oma im Himmel besuchen gehen.«

Ardian (6), im Auto beim Tanken: »Wenn ich groß bin wie Papa, fahre ich zur Tankstelle und kaufe mir einen Lolli.«

Maxi (7): »Papa, wie alt bist du?«
Papa: »Beim Einkaufen bin ich heute um fünf Jahre gealtert!«(Er war mit beiden Jungs alleine einkaufen.)
Maxi: »Wie alt warst du denn davor?«

Opa erzählt stolz, wie er damals die Terrasse selbst gemauert hat. »Das ist aber schon lange her.«
Emil (5): »War das, als du noch ein normaler Mann warst?«

Jannis (3) schaut Mama beim Kochen zu und sagt: »Du kochst aber gut.« Pause, dann: »So will ich auch kochen, wenn ich später eine Mama bin.«

Kristin an ihrem fünften Geburtstag. Sie sieht auf ihre Füße und sagt: »Schnell mal schauen, ob meine Füße auch schon fünf Jahre alt geworden sind.«

Matteo (4) will Arzt werden und fragt seine Oma: »Oma, was willst du werden, wenn du erwachsen bist?«

Lena (8): »Wie alt ist Uroma?«
Mama: »Neunzig Jahre.«
Lena: »Ui, wie kann sie denn so alt werden?«
Mama im Stress: »Unkraut vergeht nicht!«
Lena: »Vielleicht wirst du ja auch mal Unkraut, Mama.«

Papa hat Brötchen geholt.
Jonas (7): »Ah, lecker, knackige Brötchen.«
Papa: »So knackig wie der Papa.«
Jonas ganz trocken: »Stimmt, bei dir knackt es auch bei jedem Schritt.«

Die Kinder unterhalten sich, wer aus der Familie wann stirbt.
Karla (5): »Erst Papa, dann Mama, dann Bruno (Bruder), dann Jenny (Schwester).«
Bruno (4): »Luna (der Familienhund) wird dann soooo alleine sein.«

Mama: »Ich musste mir früher auch immer von der Oma die Zähne putzen lassen.«
Karla (3): »Du lügst, als du klein warst, gab es noch gar keine Zahnbürsten.«

Mina (4) fragt die Erzieherin: »Wie alt bist du?«
Erzieherin: »Achtunddreißig.«
Mina: »Du hast aber viel weniger Ritze an den Augen als meine Oma.«

Rasmus (5) strahlt Mama an und meint: »Mama, man kann gar nicht glauben, dass du schon dreiunddreißig bist. Du siehst viel eher aus wie zweiunddreißig!«

Finn (fast 4) mit Schlafzimmerblick, roten Bäckchen und einem herzhaften Gähnen.
Mama: »Oha, da ist aber jemand müde.«
Finn: »Mama, ich bin doch nicht müde, ich tu nur so. Ich werde bestimmt mal ein guter Schauspieler!«

Kathrin (6): »Mama, wenn ich später in die Pubertät komme, komme ich da auch wieder raus?«

Als Mama mit Jonah (6) an einem Fitness-Studio vorbeiläuft, sagt er: »Mama, wenn ich groß bin, mach ich auch ein Fitness-Studium, weil ich will Polizist werden!«

Linus wird einen Tag vor seinem vierten Geburtstag krank. Er bekommt hohes Fieber. Als Mama sagt: »Da wird deine Geburtstagsfeier wohl morgen leider ausfallen müssen«, fängt Linus heftig an zu weinen und schluchzt: »Neeeheein, ich will aber nicht mehr drei Jahre alt bleiben.«

Emil (5), nach Betrachten von Tierpräparaten im Museum zu seinen Eltern: »Wenn ihr mal tot seid, dann lasse ich euch auch ausstopfen.«

Geschlechterkampf

Elias (4) hilft beim Kochen.
Mama: »Wenn du mal groß bist, kannst du super kochen. Dann brauchst du keine Frau dafür.«
Elias: »Dann muss ich mir aber eine suchen, die die Töpfe und alles aufräumt …«

Ben (4): »Gell, Mama, Frauen haben eine Lulu und Menschen einen Schniedel. Frauen sind nicht gleich wie Menschen.«

Max (3) platzt beim Duschen ins Bad und ist ganz erschrocken: »Mama! Du hast gar keinen Schniedel! Tja, kein Schniedel, kein Pipi machen.«

Rasmus (3) sieht sich Mamas sehr weibliche Sandalen an und sagt: »Mama, ich will auch so Schuhe haben wie du.«
Mama: »Aber das sind Schuhe für Frauen.«
Rasmus: »Ich will die ja auch in klein, natürlich!«

Maximilian (5) muss auf die Toilette. Papa geht mit, da sagt Maxi: »Okay, hier ist für Menschen und da für Frauen.«

Es läuft »Dornröschen«, die Szene mit dem feuerspeienden Drachen.
Mami zu Papi: »Schau mal, deine Mutter!«
Papi zu Mami: »Wohl eher deine Mutter!«
Ida (3): »Nein, der Drache ist meine Mami!«

Mama: »Ida, was wünschst du dir denn vom Weihnachtsmann?«
Ida (3): »Eier für Papi!«
(Sie meint Überraschungseier, aber das war vor lauter Lachen kaum noch zu verstehen.)

Steve (4) wird von zwei Mädchen im Kindergarten gefragt, welche von beiden er später heiraten möchte. Er sieht die Erzieherin an und sagt: »Am besten ja beide! Aber wie bringe ich ihnen das bei?«

Mama: »Dein kaputtes Fahrrad muss der Papa dann heute Abend reparieren.«
Stiene (5): »Ja, weil der ist viel schlauer als du.«

Leni (3) zur Erzieherin: »Hast du ein Baby zu Hause?«
Erzieherin: »Nein.«
Leni: »Dann bist du keine Frau.«

Mama: »Irgendwann wirst du dich auch für Jungs interessieren und vielleicht Gefühle für einen haben.«
Amelie (5): »Gefühle habe ich jetzt schon für sie.«
Mama: »Wirklich?«
Amelie: »Ja, sie machen mich wütend!«

Hannah (4) zeigt auf ein kleines Baby und fragt: »Ist das ein Mädchen?«
Die Mutter des Babys: »Ja!«
Hannah: »Wieso hat sie keine Zöpfe?«

Papa geht mit Jule (7) shoppen. Nach dem gefühlt hundertsten Kleidungsstück, das er ihr zeigt und das ihr nicht gefällt, fragt sie ihn genervt: »Hast du überhaupt eine Ahnung, was Frauen wollen?«

Dominik (5): »Später hätte ich lieber einen Hund oder ein Kaninchen oder eine Katze statt einer Frau.«
Mama: »Warum das denn?«
Dominik: »Mama. Hast du schon einmal ein Kaninchen reden gehört?«

Enrico (4) zu Lara (4): »Jungs sind stärker als Mädchen, die haben viel mehr Muskeln.«
Lara: »Dafür haben Mädchen ein Gehirn.«
Enrico: »Ja, und wofür braucht man das?«

Emmi (7) liest gerade viele Heldinnengeschichten. Als Opa ihr von seinen »Heldentaten« aus der Jugend berichtet, fragt sie: »Also warst du früher auch eine Frau?«

Papa: »Komm, ich putze dir die Zähne.«
Noel (3): »Nee, du nicht. Mama macht das.«
Papa: »Aber ich kann das auch machen.«
Noel: »Nein, du bist doch ungeschickt!«

Angelina (4) beim Anziehen: »Mama, es wird Zeit, dass der Papa auch mal ein Kleid anzieht.«

Nach einem Streit. Mama zu Enrico (5): »Lass uns bitte noch einmal über den Streit von vorhin reden.«
Enrico: »Okay, aber nur eine Minute, das reicht.«

Mama steht nackt im Bad.
Josh (3) sieht sie an: »Mama, du hast keinen Pipimann!«
Mama: »Nein, Frauen haben keinen.«
Josh: »Doch, Mama, deinen hast du kaputtgemacht. Da hast du Pech, weil es gibt keinen neuen mehr.«

Mama möchte Lewis (9) etwas erzählen.
Mama: »Als deine Tante ihren dreißigsten Geburtstag gefeiert hat …«
Lewis fällt ins Wort: »Mama, Frauen werden doch nur neunundzwanzig.«

Edwin (8): »Wen willst du mal heiraten?«
Maurizio (8): »Ich heirate nicht!«
Edwin: »Du musst heiraten! Wie willst du ohne Frau klarkommen?«

Alexander (9): »Mädchen mögen keine Schnecken, weil die ekelig aussehen. Mädchen schleimen aber auch, also wie Schnecken. Also Mama, weißt du, was ich dir damit sagen will?«
Mama: »Ja, Mädchen sind Schnecken?«
Alexander: »Ganz genau.«

Felix (6): »Nee Papa, du bist nicht der Chef, du bist der Hausmeister.«
Mama lacht: »Und was bin ich?«
Felix: »Du bist die Putzfrau.« Papa lacht.

Beim Bezahlen an der Kasse sieht Juno (3) eine Frau mit zwei Männern aus dem Laden gehen und ruft zu Mama: »Schau mal, die Frau hat zwei Männer. Du hast leider nur einen Mann, Mama!«

Leni (4): »Papa, wie alt bist du?«
Papa: »Schätz mal!«
Leni denkt nach.
Papa: »Was meinst du denn, wer älter ist? Mama oder ich?« Leni sofort: »Klar, du!«
Papa: »Wie kommst du darauf?«
Leni: »Du hast einen Bart, Mama noch nicht!«

Die Enkelkinder übernachten bei Oma. Oma packt den Koffer aus und fragt: »Ui … wem von euch gehören diese Socken?«
Niclas (6): »Oma, mir gehören die nicht, da ist ja was drauf mit Ballett.«
Amelie (4): »Oma mir gehören die auch nicht, das ist was mit Männerballett!«

Charleen (4) wird von einem anderen Kind darauf hingewiesen, dass sie ja nie vom Papa abgeholt wird.
Charleen: »Ich hab keinen Papa. Meine Mama kann alles selbst reparieren, sie ist wie Wonderwoman.«

Damian (7) sieht fern. In einer Schuhwerbung kommt die Frage, wie viele Schuhe eine Frau braucht.
Damian, ganz trocken: »Zwei.«
Mama: »Wie kommst du denn darauf?«
Damians logische Erklärung: »Du hast doch nur zwei Füße!«

Torben (6) darf einem Huhn einen Namen geben.
Mama: »Torben, such dir schon mal einen Jungen- und einen Mädchennamen aus.«
Torben denkt nach: »Mir fällt nichts ein.«
Mama schlägt vor: »Wie fändest du Herkules als Jungennamen?«
Torben, megabegeistert: »Super! Und wenn es ein Mädchen ist, heißt sie Frau Kules.«

Mama: »Woran unterscheidet man Frauen und Männer?«
Eric (6): »Männer haben Haare im Gesicht, und Frauen haben Haare auf den Zähnen.«

**Mama setzt sich das Prinzessinnen-Krönchen auf.
Marie (3) empört: »Du bist doch kein Mädchen!«
Mama: »Was denn dann?«
Marie: »Nur eine Mama.«**

**Mama ist von der Frauenstimme im Handy-Navi ihres Mannes genervt, weil die so viel quatscht.
Emma (fast 10): »Eine Frau in einem Männerhandy nutzt das halt aus.«**

Auf dem Schulweg. Luis (6): »Mama, manche Frauen haben ja so Schuhe an, mit so Klötzen unten dran, so Hochschuhe meine ich … und, weißt du was? Meine Fußballschuhe machen die gleichen Geräusche!«

Luis (fast 7) schaut »Harry Potter«. In einer Werbepause lacht er leise vor sich hin.
Mama: »Warum lachst du denn?«
Luis: »Hehe … ist ja witzig, die Freundin von Harry Potter heißt HERR Mine, obwohl sie ein Mädchen ist …«

Die Kinder spielen Ratefix, wo man für eine Kategorie mit einem Anfangsbuchstaben einen Begriff finden muss. Es wird zunächst ein Körperteil mit P gesucht.
Annik (6) ruft: »Popo.«
Als Nächstes wird ein Spielzeug gesucht.
Anna (6), die nicht mitbekommen hat, dass schon die nächste Kategorie dran ist, ruft: »Penis.«
Lilly (6) bemerkt trocken: »Damit spielen wir Mädchen aber nicht, höchstens die Jungen.«

Papa nimmt Milena (3) mit auf eine Herrentoilette. Erst ist sie dran, danach pinkelt Papa ins Urinal.
Milena fragt: »Wieso machst du Pipi ins Waschbecken?«

Mama erzählt Papa, dass sie dann heute nach der Arbeit noch in den Baumarkt fährt und etwas besorgt.
Bruno (4) fragt: »Dürfen Frauen überhaupt in den Baumarkt?«

Jens (12) hat mit Krafttraining begonnen.
Sein Onkel sagt ihm: »Das ist gesund, hält dich fit, und du bekommst die hübschesten Frauen, weil die stehen auf Muckis.«
Jens sieht zu seiner Tante rüber, dann zum Onkel: »Hmm, du hast wohl früher nicht trainiert ...«

Samuel (3): »Mama, du hast ja einen Schnurrbart! Du wirst endlich ein richtiger Mann!«

Amelie (4) am Pissoir: »Guck mal, Mama, das ist ein Männerklo. Beim Pipimachen hängt man da seinen Penis rein … und beim AA-Machen wird es schwieriger.«

Lilly (5), schockiert zu Mama: »Heute war ein Junge im Kindergarten mit einer rosa Leggings mit Glitzer drauf.«
Mama (bereitet sich schon darauf vor, ihrer Tochter eine Lektion in Gleichheit von Mann und Frau zu erteilen) antwortet: »Na und?«
Lilly: »Es ist viiiel zu warm für Leggings.«

Mama geht seit langer Zeit mal wieder aus. Sie hat sich geschminkt und aufgestylt mit schickem Kleid und High Heels. Als Jonah (4) sie sieht, sagt er: »Wow, Mama, du siehst ja aus wie eine richtige Frau.«

Glaube, Religion & Fantasie

Zoey-Chiara hatte einen Albtraum: »Mama, ich hatte einen Albtraum. Die Erzieher und alle Großen waren Monster.«
Mama: »Oh Gott, und was waren die Kinder?«
Zoey-Chiara ganz überzeugt und mit aufgerissenen Augen: »Die Kinder, die waren alle Menschen.«
Mama: »Sind Kinder sonst keine Menschen?«
Zoey-Chiara: »Nein, Mama, Kinder sind doch Kinder und keine Menschen.«

Yvonne: »Mama, warum müssen Menschen sterben?«
Mama fällt in dem Moment keine bessere Antwort ein: »Weil die Erde sonst zu voll würde.«
Yvonne: »Aber wir haben doch noch Platz im Garten.«

Erzieherin: »Wie bist du nur so süß geworden?«
Lia (4): »Also, ich denke, Gott hat mich einfach so gemacht.«

James (4) vorm Zubettgehen, nachdem er seinen Zahn unter dem Kopfkissen versteckt hat: »Ich bin mal gespannt, wie viel die Zahnfee für meinen Zahn zahlen möchte ...«

Lauriane (6) erzählt gerne Fantasiegeschichten. Eine Geschichte endet mit den Worten: »Da staunst du, wa? Du musst mich mal in meinem Kopfladen besuchen, da gibt`s noch mehr davon.«

Neele (9) nach der Schule: »Wir hatten heute Religion und haben über die Erschöpfung der Welt gesprochen.«

Luise (6), nachdem wir »Arielle« gesehen haben: »Was machen eigentlich Meerjungfrauen, wenn sie Kacka müssen ...?«

Silas (5) und Mama füllen gemeinsam ein Freundebuch aus. Für die Spalte »Etwas, das du immer bei dir hast!« schlägt Silas vor: »Meinen Schutzengel da oben im Himmel.«

Beim Einkaufen an der Kasse schnappt Klara (5) ihren Nudelbecher und haut raus: »So, ab nach Hause, damit ich das fressen kann!«
Mama: »Klara, wir sind Menschen, wir essen!«
Klara: »Ist gar nicht wahr. Ich bin 'ne Katze!«

Jason (knapp 3) sieht morgens auf dem Weg zum Kindergarten den Pfarrer mit der Aktentasche in die Kirche laufen und ruft erstaunt: »Kuck mal, Mama, Gott geht auch so früh zur Arbeit.«

Laura (3) macht ein Arche-Noah-Puzzle: »Aber da kann doch kein Elefant rein! Der macht doch Kacka in das Schiff!«

Die Pfarrerin zu den Schulanfängern: »Jeder bekommt nun noch einen Engel für den Schulranzen.«
Emma (5), die sich in der Kirche nicht auskennt, ruft: »Gibts auch Teufel?«

Ruby (3), auf die Frage der Erzieherin, warum ihre Haare denn so strubbelig sind: »Da haben meine Mäuse wieder eine Party drin gemacht, als ich geschlafen habe.«

Onkel: »Warum glaubst du an den Osterhasen, aber nicht an Jesus?«
Tim (6): »Den Osterhasen gibt es aus Schokolade, Jesus nicht.«

Maximilian (4) weckt Mama morgens: »Mama! Es regnet! Jetzt muss die Sonne scheinen, um die Tropfen wegzulecken!«
Mama: »Wie macht die Sonne das denn?«
Maximilian: »Die Sonne hat doch ein Gesicht!«

Mira (5) stellt Spielzeugtiere auf die Arche Noah und erklärt Phillip (4): »Von jedem Tier kommt einer drauf, ein Männchen und ein Weibchen.«
Phillip: »Quatsch, das sind doch Giraffen.«

Florian (6) sieht eine Frau mit Burka auf der Straße und ruft: »Sieh mal, Mama, ein Jedi-Ritter.«

Eine Tauffeier. Als das heilige Brot empfangen wird, fragt Emily (3): »Was machen die jetzt?«
Tante: »Die holen sich das heilige Brot ab.«
Emily: »Cool, nimmst du mir auch eines mit? Mit Butter und Marmelade bitte.«

Jonah (4) hält einen Spiegel in der Hand: »Spieglein, Spieglein an der Wand. Wer ist die Schönste im ganzen Land? Ich natürlich!«

Erzieherin: »Was ist denn Fantasie?«
Karl (5): »Fantasie ist etwas, davon haben Kinder gaaaaanz viel, Erwachsene aber nicht mehr.«

Mama soll für Tamme (4) etwas holen, während sie den kleinen Bruder wickelt und Tamme direkt daneben steht.
Mama: »Mein lieber Schatz, der liebe Gott hat dir zwei gesunde Beine geschenkt, das kannst du selber holen.«
Tamme zieht eine Schnute, stapft an Mama vorbei und murmelt vorwurfsvoll: »Danke, lieber Gott!«

Lia (6): »Welches Sternzeichen bin ich?«
Eltern: »Skorpion.«
Lia: »Und was bin ich, wenn ich Sushi probiere?«
Eltern: »Da passiert nichts.«
Lia: »Aber Mama und Olli (Bruder 10) sind Fisch, weil sie Sushi essen. Ich will auch Fisch sein als Sternzeichen.«
Eltern: »Nein, mein Schatz, du bleibst Skorpion egal was du isst.«

Linus (5): »Ich glaub, die Dinosaurier sind extra ausgestorben, damit man sie nicht sieht.«

Als Mama nach dem Gottesdienst in der Kirche etwas Geld für die Kollekte geben will, sagt Klara laut: »Also dafür würde ICH nichts bezahlen ...«

Oskar (4): »Gott kann nicht sterben, weil der wohnt schon im Himmel!«

Tyler (7) zu seinem Bruder Jayden (9): »Ist der Bürgermeister der Chef von der Polizei?«
Jayden (9): »Ja, das ist der.«
Tyler (7): »Auch vom Weltall?«
Jayden (9): »Quatsch, du Dummerchen. Chef vom Weltall ist der, der das Weltall gebaut hat.«

Tyler (7): »Wenn ich heute Nacht meinen Zahn unters Kissen lege, bringt mir die Zahnfee vielleicht auch eine DVD.«
Jayden (9): »Ja, wenn die Mama noch eine hat.«
Tyler: »Nicht die Mama, die Zahnfee.«
Jayden: »Tyler, die Mama ist die Zahnfee!«
Tyler: »Quatsch. Die Mama ist die Mama und keine Fee!! Außerdem ist die jeden Abend zu Hause.«

Mama: »Was ist deine Lieblingsfarbe?«
Sophie (4): »Bunt!«

Maja (6) fragt ernst: »Hat die Oma schon gelebt, als Jesus noch auf der Welt war?«

Nachdem Wilhelm (5) die Geschichte von der Arche Noah zum ersten Mal gehört hat, sagt er: »Finde ich nicht gut vom Noah.«
Papa: »Was meinst du?«
Wilhelm: »Na, die Tiere hat er gerettet, und die ganzen Bäume und Blumen hat er vergessen ...«

Mama: »Und was haben die Heiligen Drei Könige mitgebracht?«
Julian (7): »Gold, Weihrauch und Möhren.« (Myrrhe)

Lina (5) betet vor dem Essen: »Vielen Dank für das Essen, aber Spinat mag ich nicht ...«

Lina (4): »Jesus ist an einer Kreuzung gestorben.«

Papa: »Was haben die Heiligen Drei Könige denn mitgebracht?«
Joel: »Gold, Bier und Braten zum Feiern.«

Während einer Autofahrt erzählt Lilly (4) ihrer Oma, dass sie mit Mama und Papa den Film »Mary Poppins« gesehen hat. Ganz begeistert war sie davon, dass Mary Poppins nur mit dem Stock auf die Erde klopfen muss, und das Zimmer ist aufgeräumt.
Oma: »Das wäre ja toll, wenn wir das auch könnten.«
Lilly resigniert von der Rückbank: »Oma, hab ich versucht! Geht nicht!«

Mama: »Lass uns doch dieses Jahr wieder Ostereier bemalen, das hat doch Spaß gemacht.«
Lorenz (4): »Nein, keine Lust, das soll der Osterhase machen!«

Mutter fragt die frisch eingeschulte Annabelle, was ihr am heutigen Unterricht am besten gefallen hat. Annabelle überlegt nicht lange: »Rebellion, Mama! Da können wir uns was wünschen.«
(Sie meint Religion.)

Alicia und Ava, nachdem sie mit ihren Eltern bei einer lebenden Krippe auf dem Weihnachtsmarkt waren.
Alicia (6): »Ich möchte auch gerne mal beim Krippenspiel mitmachen.«
Mama: »Wen würdest du dann spielen wollen?«
Alicia: »Maria.«
Ava (3): »Möchte auch mitmachen.«
Mama: »Und wen würdest du spielen?«
Ava: »Prinzessin.«
Mama: »Prinzessinnen gibt es in der Weihnachtsgeschichte nicht.«
Ava: »Gut, dann den Drachen.«

Grundschule. Hausaufgabe im Religionsunterricht: »Auf was verzichte ich in der Fastenzeit?«
Nicole (8) schreibt: »Ich verzichte darauf, mein Zimmer aufzuräumen.«

Beim Abendessen wird über Gott gesprochen.
Julian (5): »Also, Gott ist lieb, nett und durchsichtig.«
Emily (7): »Nein, der ist nicht durchsichtig. Der ist so etwas wie ein Außerirdischer mit ganz viel Macht.«

Jonas (6) ist mit seinen Eltern das erste Mal auf einem Friedhof. Als er einen Grabstein mit einem großen Kreuz sieht, sagt er aufgeregt: »Papa, sieh mal, hier liegt der Jesus begraben.«

Mama morgens: »Mäuschen, ich wünsche mir, dass du heute lieb mit deiner kleinen Schwester spielst und dass ihr euch nicht ärgert.«
Jasmin (5): »Ja, Mama, dann musst du doch nur noch auf eine Sternschnuppe warten.«

Als Klein-Paul (4) in der Kirche die Hostie vom Pfarrer empfängt, sagt er danach laut zu Mama: »Also, der Pfarrer kann keine Kekse backen, die von Oma schmecken viel besser.«

Kindergarten & Schule

Milo (3) zieht sich alleine seine Hose an und ist bereits im ersten Hosenbein. Erzieherin lobt ihn: »Wow, das Hoseanziehen schaffst du ja schon mit links.«
Milo: »Ja, und mit rechts auch«, und schwupps schlüpft er ins andere Hosenbein.

Sven (5) musste im Kindergarten putzen helfen, weil er es mit seinem Verhalten übertrieben hat.
Mama: »Na, musstest du heute Strafarbeit machen?«
Sven mit riesigem Grinsen im Gesicht: »Jaaaaa, putzen war so toll, Mama.«
Papa: »Ziel verfehlt.«

Mama zu Leon (7), als sie ihn in der letzten Woche vor den Sommerferien zur Schule verabschiedet: »... und benimm dich heute in der Schule.«
Leon: »Wieso? Der Lehrer hat das Zeugnis doch schon fertig!«

Nach dem Frühstücken im Kindergarten liegt noch eine Brotbox auf dem Tisch.
Erzieher zu Amy (5): »Deine rosa Box liegt da noch.«
Sie sieht ihn erbost an und sagt: »DAS IST PINK!«

Erste Klasse, Deutsch. Hausaufgabe.
»Wu_st« – welcher Buchstabe fehlt da?
Anna-Lena (6): »Ä.«
Sie lebt mit ihren Eltern im Kohlenpott. Da ist das völlig korrekt.

Georg (8): »Wenn ein anderes Kind im Unterricht stört, darfst du nicht antworten. Der Lehrer fängt immer das zweite Kind …«

Die großen Schwestern sprechen darüber, dass die Schulabgänger an ihrer Schule zum Abschluss eine Schaumparty veranstalten.
Jakob (5), für den die Kindergartenzeit jetzt auch endet: »Ich will auch eine Schaumparty zum Abschluss im Kindergarten.«

Jonas (9) spricht mit Mama, ob er in die Realschule oder aufs Gymnasium möchte.
Mama: »Im Gymnasium ist es schon schwer, dort hast du dann auch Französisch.«
Jonas: »Das kann ich ja schon ein bisschen!«
Mama erstaunt: »Was denn?«
Jonas: »Croissant!«

Korbinian (9): »Ich geh nicht ins Gymnasium, weil man da nackt Sport machen muss!«
(Er hat vor Kurzem eine Reportage über die »alten Griechen« gesehen.)

Maike zur Erzieherin: »Frau M., das wäre lustig, wenn du meine Mama wärst! Dann könnten wir jeden Tag zusammen zum Kindergarten laufen und nachher wieder nach Hause. Muss ich dich dann zu Hause auch Frau M. nennen, oder sag ich dann Mama zu dir?«

In der Kita. Pia (3) singt laut: »Oh oh oooh oooh oh, und die Körbe singen für dich.«
Zum Schluss singen alle Kinder mit: »Oh oh oooh oooh oh, und die Körbe singen für dich.«
(Sie meinen »Chöre« aus dem gleichnamigen Song von Mark Forster.)

Mama fragt Johanna eine Woche nach ihrer Einschulung: »Habt ihr gar keine Hausaufgaben auf?«
Johanna (7), lernwillig: »Nein, aber ich kann mir ja selbst Aufgaben stellen.«
Schwester Luisa (10) protestiert: »Es ist doch keiner so blöd und macht freiwillig Hausaufgaben.«

Marcel (4), nachdem Mama ihn am Montag in den Kindergarten bringt: »Tschüss, Mama und schönes Wochenende ...«

Mama: »Na, was gab es heute bei den Kindern (Krippe) zu Mittag?«
Mia (2): »Essen.«
Mama: »Ja, was denn genau? Kartoffeln oder Nudeln?«
Mia: »Mittag.«

Henry zieht Leon (beide 4) im Morgenkreis immer an den Haaren.
Leon: »Lass das, ich möchte das nicht.«
Henry: »Dann setz dich doch woandershin, dann kommt mein Arm auch nicht mehr an deine Haare ran …«

Maria (6) wird eine Woche nach der Einschulung gefragt: »Und hast du auch ein Lieblingsfach?«
Maria: »Ja, Sport und Hofpause.«

Cheyenne (5) rennt weinend zur Erzieherin und sagt: »Ich will niemals in die Schule, darf ich bei euch bleiben?«
Erzieherin: »Wieso nicht? Die Schule ist toll!«
Cheyenne, total aufgelöst: »Luca hat gesagt, wenn ich in die Schule komme, fallen mir die Zähne raus.«

Mittagessen im Kindergarten.
Mika (4) erzählt: »Meine Mama hat heute Morgen mit dem Besen gefickt.«
Auf Nachfrage konnte geklärt werden, dass er »gefegt« meinte.

Maja möchte, dass ihre Mama sie in der Schule im zweiten Stock abholt.
Maja (7): »Kannst du mich bitte morgen oben abholen?«
Mama: »Ja warum denn?«
Maja: »Ich hab morgen Kopfweh.«

Odin (4) ganz ernst: »Mama, wir lernen was über Höflichkeit. Aber die brauchen wir nur in der Kita.«

Janine (4) zur Erzieherin beim Verabschieden: »Ich komm morgen nicht, ich feiere mal Stunden ab.«

Maira (7) beschwert sich nach dem Schulfasching: »Also noch mal mach ich da nicht mit! Das war mir zu anstrengend, wir mussten die ganze Zeit nur klatschen!«

Die Klassenfahrt einer 2. Grundschulklasse steht bevor. Mama und Lukas sprechen über die Zimmer- und Arbeitsaufteilung.
Mama: »Sag mal, mit wem bist du denn auf einem Zimmer?« Lukas (8): »Mit Benett, Mauro und mit meinem Freund Finn. Benett und Mauro müssen das Zimmer fegen und aufräumen.«
Mama: »Und was macht ihr beide?«
Lukas: »Schlafen!«

Mia (8), fassungslos: »Mama, wir gehen bald mit der Schule in eine Aufführung, »Die Zauberflöte«! Mama, klassische Musik, kannst du dir das vorstellen?!«
Mama: »Oh wie schön, das wird bestimmt toll.«
Mia: »Nein, Mama, schrecklich, da mach ich lieber den ganzen Tag Mathe in der Schule!«
Später. Mia: »Mama, kannst du da für mich hingehen?«
Mama: »Na ja, es ist eher für euch Kinder gedacht ... aber okay (aus Spaß).«
Mia: »Oh super, danke für die Erlösung!«

In der Kita fragt Manuel (4): »Wann ist wieder ›Hoch die Hände, Wochenende‹?«
Erzieherin: »Noch zweimal schlafen, dann ist Freitag.« Daraufhin sagt Emil (5): »Juhu, dann müssen wir nicht arbeiten!«

Samira (4) zu Mama: »Endlich ist wieder Kita, am Wochenende ist es so langweilig, weil ihr so alt seid.«

Mama: »Komm, beeil dich, sonst kommst du zu spät zur Schule.«
Carla (6): »Echt, voll nervig dieses Leben ...«

Manuel (3) erzählt Mama seit Wochen, dass er im Kindergarten mit »der Bäcker« befreundet ist. Nach einiger Zeit stellt sich heraus, dass es sich um Rebecca handelt.

Letzter Tag vor den Ferien. Lehrerin: »Bitte gebt alle eure Bücher ab, sonst bekommt ihr kein Zeugnis.«
Ben (8): »Kann ich vielleicht ein Buch zurückbekommen, ich will nämlich kein Zeugnis.«

Spielzeugtag im Kindergarten. Leopold (4) möchte gerne zwei Spielzeuge statt eins mitnehmen. Als Mama es ihm verbietet, sagt er: »Weißt du, Mama, jeder kann mal einen Fehler machen. Das ist überhaupt nicht schlimm. Und ich hab grad entschieden, dass ich heut meinen Fehler mache und zwei Sachen mitnehme …«

Auf die Frage an Oskar (6), wie das Gespräch mit seiner Erzieherin ausfallen wird, ob positiv oder negativ, meint Oskar: »Mitteltiv.«

Elvis (10): »Also, von Opa lerne ich mehr in einer Stunde als von unseren Lehrern in einer Woche …!«

Tim (9) ergänzt in der Deutscharbeit Redewendungen wie folgt: »Wo Rauch ist … da ist Dreck. Beiß nicht die Hand … sie ist nicht sauber.«

**Frederik (8) wird von Papa zum Einmaleins befragt.
Papa: »Was ist fünf mal sieben?«
Frederik: »Papa, du verursachst einen Stau in meinem Gehirn.«**

**In der Kita, während des Mittagessens.
Dennis (4): »Der Kelvin sitzt nicht!«
Daraufhin setzt sich Kelvin (auch 4) schnell wieder auf seinen Platz und sagt zu Dennis: »Ich sitze doch! Bist du farbenblind, oder was?«**

Mino (2. Klasse), frisch von der Klassenfahrt zurück: »Mama, ich habe alle Tage nur das eine T-Shirt getragen, damit du jetzt nicht so viel Wäsche waschen musst!«

Phillip (4) sieht ein Foto von seinem Papa mit seinen Kollegen beim Feiern und fragt Mama: »Mama, was ist das? Ein Kindergarten?«

Kurz vor der Einschulung sagt Mama zu Oskar (6): »In einer Woche beginnt der Ernst des Lebens.«
Darauf Oskar: »Ja, und die Schule!«

Mama übt mit den Kindern Rechnen. Emma will auch mal.
Emma (5): »Mama, du hast dir zwanzig Krankheiten eingefangen, ich nehme dir eine weg … wie viele Krankheiten hast du dann noch?«

Klara (5) nach der VOR-Schule: »Endlich bin ich von der Schule weg! Ich musste mich so sehr konzentrieren!«

Mia (8) beschwert sich, dass auf der Klassenfahrt eine Burg besichtigt wird.
Papa: »Aber eine Burg ist doch toll, da lernt ihr bestimmt etwas.«
Mia: »Aber das Gute an Klassenfahrt ist ja, dass man da nichts lernen soll …«

Mama: »Fußball und Judo neben der Schule ist einfach zu viel. Wenn du eins weglassen müsstest, welches wäre das?«
Boris (8): »Die Schule.«

Rieke (6) ist gerade in die Schule gekommen. Nachdem Mama sie am zweiten Tag aus der Schule abholt, empfängt sie Papa an der Wohnungstür.
Rieke, ganz entsetzt zu Papa: »Und das Ganze noch vier Jahre.«

Leo (6) erzählt Mama, dass Herr M. in der Schule gesagt hat, es sei die letzte Verwarnung. Auf Mamas Frage, was er denn gemacht habe, sagt Leo: »Nur ein bisschen Quatsch.«
Nachdem Mama ihm zum wiederholten Mal erklärt, dass man im Unterricht keinen Quatsch macht, sagt Leo: »Mama, das war kein Unterricht, das war nur Musik.«

Erzieherin zu Julian (4): »Warum antwortest du mir denn nicht?«
Julian: »Hab heute keine Sprechstunde!«

Mama: »Du kannst nicht alle Autos mit in die Kita nehmen, das sind zu viele. Fünf reichen, okay?«
Karl (3): »Och Mann, ich wollte aber vier …«

Karl (4) hat beim Pipimachen über die Klobrille gepinkelt.
Erzieherin: »Was ist denn da passiert?«
Karl: »Wir sagen einfach, die Putzfrau hat nicht richtig geputzt.«

Tochter (7): »Mama, ich kann jetzt keine Hausaufgaben machen. Meine Hände sind nicht in der Stimmung!«

Im Kindergarten wird jeden Morgen das Wetter besprochen, an diesem Morgen war es recht trüb und sah nach Regen aus.
Erzieherin: »Hm, das sieht ja heute recht regnerisch aus, was ich ja eigentlich gut finden würde.« (wegen der lang anhaltenden Trockenheit)
Jo (5): »Ich weiß, warum du das gut findest.«
Erzieherin: »Warum denn?«
Jo: »Weil wir dann wieder die blöden Matschhosen anziehen müssen!«

Mama fragt: »Wo ist denn Erzieherin C.?«
Klara (6): »Die ist heut nicht da. Heut ist Erzieherin M. da! Die Frau ist ganz schön anstrengend!«

Mama erklärt Maja (4), dass sie beim DLRG schwimmen darf und was DLRG bedeutet.
Maja: »Dann kann ich sofort ohne Schwimmgürtel ins Wasser! Das sind ja Rettungsschwimmer!«
Nach der ersten Schwimmstunde ist sie ganz enttäuscht: »Mama, jetzt war ich beim Schwimmkurs und kann immer noch nicht schwimmen!«

Nico (6): »Papa, du wärst auch ein guter Lehrer.«
Papa freut sich.
Nico: »Du hast auch so eine langweilige Stimme.«

Der Papa von Michels bester Freundin fragt Michel (8): »Und, wie läuft es in der Schule?«
Michel in tiefstem Niederbayrisch: »Guat, nua in Doitsch hob i Brobleme.«

Melina (5): »Bald komme ich in die Schule.«
Mama: »Wir müssen erst zur Schuluntersuchung und sehen, ob du reif für die Schule bist.«
Melina entsetzt: »Aber Mama, ich bin doch keine Birne.«

Ida (4) hält die Hände hinter dem Rücken und fragt den Erzieher: »Links oder rechts?«
Erzieher: »Rechts.«
Ida sieht ihn an: »Wo ist rechts?«

Lilli (6) soll bei der Schuluntersuchung zwischen zwei Kästchen hin und her springen. Die Ärztin erklärt ihr, dass sie dabei nicht die Linie berühren darf.
Lilli sieht sie leicht verwirrt an und fragt: »Ist die Lava?!«

Mama: »Schreibst du nächste Woche nicht Geschichte?«
Sylvie (12), mit coolem Gesichtsausdruck: »Ich schreibe jeden Tag Geschichte, Babe.«

Papa in den Osterferien: »Nächste Woche fängt die Schule wieder an. Worauf freust du dich am meisten?«
Sean (8): »Auf die Sommerferien.«

Jonas (2) ist ganz sauer auf die Erzieherin: »Ich schmeiß dich in den Müll! »
Erzieherin: »Das wird spaßig, ich kann dann mit der Müllabfuhr mitfahren.«
Jonas: »Ich auch, will mitfahren!«

Papa: »Und was habt ihr heute in der Schule gelernt?«
Milena (8): »Ach, so etwas über Martin Luther.«
Papa: »Und was hat Martin Luther gemacht?«
Milena: »Der hat uns von den Katholiken befreit.«

In der Nachmittagsbetreuung werden Spielsachen erst ab 14 Uhr herausgegeben. Es ist 13 Uhr 50.

Linda (6): »Kann ich ein Springseil haben?«
Betreuer: »Nee, erst ab zwei!«
Linda geht weg und kommt mit einer
Freundin wieder: »So, jetzt sind wir zwei!«

Christiane (4) wird von Mama aus der Kita abgeholt. Mama fragt, was sie denn gemacht und was die Erzieherin Wichtiges gesagt hat. Christiane voller Überzeugung: »Die Verzieherin hat gesagt ...«

Im Kindergarten am Brotzeittisch. Kian (4) zu den anderen Kindern: »Wisst ihr, wir müssen die Zeit hier noch nutzen, später müssen wir lernen und arbeiten. Jetzt können wir noch machen, was wir wollen!« Zustimmendes Nicken allerseits.

Eileen (11) hat gar keine Lust, für Geschichte zu lernen: »Mama, warum im Himmel muss ich das denn lernen?«
Mama: »Ist wichtig für die Allgemeinbildung.«
Eileen: »So ein Sch..., die sind doch eh schon alle verreckt.«

Emma (6): »Mama, morgen haben wir was ganz Schwieriges, Mathematik!«
Mama: »Aber du rechnest doch gerne?!«
Emma: »Ach, Mathematik ist Rechnen?«

Mama: »Erklär mir doch mal, was der Dreisatz ist!«
Tracy (13): »Woher soll ich das wissen, wir hatten noch nicht Sexualkunde!«

Ole (3) nimmt sich in der Kinderkrippe eine Kinderbohrmaschine zum Spielen. Danach geht er zur Erzieherin und sagt: »Ich muss dir erst einmal die Schrauben alle wieder reindrehen, sie sind nämlich locker!« Und schon nimmt er die Kinderbohrmaschine und hält sie der Erzieherin an den Kopf ...

Sinan (5) kommt zur Erzieherin und beschwert sich: »Vanessa hat mich gevögelt.«
Erzieherin: »Was hat sie getan?«
Sinan wiederholt: »Sie hat mich gevögelt.«
Erzieherin ganz verdattert: »Das kann doch nicht sein.«
Sinan wütend: »Doch, sie hat mich gevögelt«, und tippt sich an seine Stirn. Da dämmert der Erzieherin, dass Vanessa ihm einen Vogel gezeigt hat.

Jennifer (6) zu ihrer Oma: »Ich habe mein bestes Alter schon hinter mir.«
Oma: »Wieso das denn?«
Jennifer: »Fünf ist das beste Alter. Da kann man schon viel und muss noch nicht in die Schule gehen. Alles nach fünf ist doof.«

In der Kita. Die Praktikantin wird von einer Erzieherin zusammengestaucht, weil sie ihre Zeitung liegen gelassen hat: »Sogar den Erwachsenen muss man hinterherräumen!«
Linda (5) tätschelt ihr die Schulter und tröstet sie: »Weißt du, wenn die hier alle gemein zu dir sind, dann schlage ich vor, du ziehst deine Schuhe an und gehst einfach nach Hause.«

Marvin (6) hat zur Einschulung einen Geldschein bekommen und fragt: »Mama, hast du zur Einschulung auch zehn Euro bekommen?«
Mama: »Nein, damals gab es noch keinen Euro.«
Marvin: »Oh, habt ihr da noch mit Muscheln bezahlt?«

Amy (4) schaut sich im Kindergarten das Gruppenfoto an und murmelt vor sich hin: »Tatsächlich, ich bin die Schönste!«

Nico (3) verabschiedet sich im Kindergarten von seinen Eltern mit Küsschen, Winken und »Ich hab euch lieb«. Als das Auto um die Ecke ist, sagt er zur Erzieherin: »Jetzt sind die Alten weg!«

Mama holt Josephine vom Kindergarten ab und sagt: »Hallo, mein Schatz, schön, dich zu sehen. Ich hab dich schon so vermisst.«
Josephine: »Wenn du mich nicht immer in den Kindergarten tun würdest, müsstest du mich auch nicht vermissen.«

Matheo lauscht einer Diskussion zwischen seinem älteren Bruder und seinen Eltern. Es geht darum, ob der Bruder alleine zur Schule gehen darf.
Matheo (5): »Wenn ich sechs bin, darf ich allein zur Schule laufen.«
Mama: »Aber die Schule ist wirklich ein weites Stück weg, da wollte ich dich mit dem Auto bringen.«
Matheo: »Oder ich mach selbst meinen Führerschein und fahre alleine zur Schule.«

Annika (5) fragt die Erzieherin: »Kann ich dir einen Blondinenwitz erzählen?«
Da ruft Miriam (4, blond) dazwischen: »Ich mag es nicht, wenn über mich Witze gemacht werden.«
Annika: »Das ist kein Witz über dich. Da geht es um eine intelligente Blondine ...«

Papa kontrolliert die Mathe-Hausaufgaben. Eine Aufgabe lautet: »Berechne und schreibe auf, wie du zu der Lösung gekommen bist.« Felina (9) hat in ihr Heft unter ihre Berechnung geschrieben: »Wie du zu der Lösung gekommen bist«.

Basteln für einen Schulwettbewerb.
Erzieher: »Der Preis wird dann an den Gewinner verliehen!«
Simon (6): »Wie? Nur verliehen? Darf der den nicht behalten?«

Luke (8) muss im Rahmen einer Hausaufgabe Oma nach ihrer Schulzeit befragen.
Oma: »Wir hatten Tische mit Holzbänken.«
Luke: »Bierzeltgarnituren!«

Mama: »Warum sagst du mir denn nicht, dass ihr heute ein Diktat geschrieben habt?«
Rieke (7): »Du erzählst mir doch auch nicht alles, was du auf Arbeit gemacht hast.«

Jennifer (8) fragt Papa nach einer Lösung für ihre Hausaufgaben und fügt hinzu: »Aber nicht wieder einen Vortrag halten, ich brauch nur die Antwort.«

Phillip (10) soll für die Schule üben. Als Mama in die Küche kommt, steht Phillip da und presst Orangen aus.
Mama: »Äähhmm. Du weißt schon, dass du üben sollst …?«
Phillip: »Ja.«
Mama: »Und was machst du jetzt da?«
Phillip: »Ich übe Hauswirtschaft.«

Caro (6) über ihren Schulweg: »Also berghoch brauch ich fünfzehn Minuten, aber bergrunter nur eine Viertelstunde …«

Maja (5) darf beim gemeinsamen Martinsspiel der Schule und des Kindergartens mitspielen.
Maja: »Mama, die Lehrerin hat heute gesagt, wann ich morgen da sein soll. Irgendwas mit zehn und fünf. Ich glaube, 10 Uhr 5.«
Mama: »War das vielleicht zehn vor fünf?«
Maja: »Jaaa! Das war's!«

In der Kita. Terence (5) aus der Vorschulgruppe zur Erzieherin: »Guck mal, ich hab schon einen Schulzahn, und den Wackelzahn hat mein Papa ausgeschlagen.«

Lena (5) erzählt, was sie alles mit ihrer Freundin Katja im Kindergarten spielen möchte.
Katja (4): »Das geht nicht. So viel Zeit hab ich nicht!«

Leo (7) und Mama sitzen an den Hausaufgaben. Es geht darum zu erkennen, welche Wörter ein Nomen und welche ein Wiewort sind.
Bei dem Wort »müde« fragt Mama: »Wie bist du?«
Leo antwortet: »Hübsch.«

Mama redet im Kindergarten morgens mit der Erzieherin über den geplanten Laternenumzug. Sohn Benedict (6): »Mama, jetzt geh endlich. Das hier ist ein Kindergarten, kein Mama-Garten.«

Evi (6) nach ihrer Einschulung: »Der Lehrer weiß ja gar nichts, der stellt immer so Fragen.«

Lukas (6), der vor Kurzem eingeschult wurde: »Als ich noch ein Kind war, hab ich viele Dinge noch gar nicht so gut gekonnt.«
Mama: »Wenn du jetzt kein Kind bist, was bist du denn dann?«
Lukas: »Na, ein Schulkind.«

Mama holt Sarina (3) vom Kindergarten ab. Sarina drückt ihr ein recht abstraktes Krickelkrakel-Bild in die Hand: »Hier Mama, für dich.«
Mama fragt: »Was soll das denn sein?«
Sarina: »Na, Kunst!?«

Im Kindergarten. Die Erzieherin sieht sich mit ein paar Kindern ein Bilderbuch an. Als sie das Gefühl hat, dass Mike (4) nicht zugehört hat, fragt sie ihn danach.
Mike: »Doch Frau Sch., ich habe dir zugehört, aber manchmal vergesse ich so viel, und deswegen weiß ich nicht mehr genau, was du gerade gesagt hast.«

Weihnachten & Geschenke

Flynn (4) hat den Auftrag, Opa nach Schleifpapier zu fragen, um Omas Geburtstagsgeschenk fertig zu basteln.
Oma fragt: »Wofür brauchst du das denn?«
Flynn nur: »Oma, sei doch nicht so neugierig!«

Caro (8) wusste im Sachkundetest auf die Frage »Welches Säugetier kann fliegen?« keine Antwort und hat geschrieben: »Die Rentiere vom Weihnachtsmann!«

Josie (8) erzählt Mama, was sie sich vom Weihnachtsmann wünscht.
Mama: »Der Weihnachtsmann bringt nur den Kindern Geschenke, die an ihn glauben.«
Josie: »Also ich glaube an dich, Mama.«

Noah (4) erzählt von Heiligabend: »Ich hab den Weihnachtsmann gesehen, und der sah aus wie Papa.«

Carolin (5): »Papa, und was hätte der Sankt Martin gemacht, wenn er noch einen Bettler getroffen hätte? Wäre er dann nackt gewesen?«

Justin (4) zu seiner Nikolausüberraschung: »WOW, ich wusste gar nicht, dass ich SOOO brav war!«

Joshua (4) singt am dritten Advent voller Inbrunst: »Schneewittchen, Weißröcken …«

Nachbar: »Na, kommt denn bald der Weihnachtsmann zu euch?«
Ida (3): »Der war doch schon bei uns!«
Nachbar: »Wie? Der kommt doch erst am Sonntag.«
Ida: »Nein, der hatte eine gelbe Jacke an und fährt ein gelbes Auto. Und der kommt NIE sonntags.«

Mama: »Der Weihnachtsmann kommt dann morgen in unsere Wohnung und legt deine Geschenke unter den Baum, wenn wir nicht da sind.«
Ida (3): »Macht der sich nicht strafbar?«

Oma: »Und was hast du alles zu Weihnachten bekommen?«
Marie (9): »Ein Buch, was zum Anziehen, etwas von Lego und eine Harmonika, die klingt harmonisch.«

Mama zu Kim (3), nachdem sie ein Weihnachtsgeschenk von Oma ausgepackt hat: »Und wie sagt man da?«
Kim strahlend: »MEINS.«

Viviane (5): »Mama, wann kommt endlich der Osterhase? Die Weihnachtssüßigkeiten sind alle …«

Philipp (4) blättert begeistert im Spielzeugkatalog und zählt auf, was er alles haben möchte.
Mama: »Du kannst ja gerne einen Wunschzettel für das Christkind machen, das bringt dir sicher etwas.«
Philipp: »Ich mache lieber einen Wunschzettel für den Postboten, der kommt schneller.«

Jasmin (8), ganz ernst: »Mama, ich bin dieses Jahr mal vernünftig und möchte keinen Adventskalender mit Schokolade. Der ist zu süß. Ich möchte lieber etwas Gesünderes. Den Kalender von Playmobil zum Beispiel. Der hat keine Schokolade.«

Patentante Steffi zu Emily: »Emily, was wünschst du dir zu Weihnachten?«
Emily (4): »Schokolade und Ostereier.«

Nima (5): »Mama, die Luzie (eine Freundin) ist blöd! Die glaubt tatsächlich, dass es den Weihnachtsmann wiiiiiirklich gibt! Aber das sind doch alles nur Märchen, in Wirklichkeit gibt es ja nur das Christkind!«

Miriam (fast 3): »Advent, Advent ein Lichtlein brennt. Erst eins, dann zwei, dann drei, dann vier, dann steht das Mondgesicht vor der Tür.«

Felix (3) nach der Kita: »Wir haben heute den Geburtstag von Jonas gefeiert«, und dann kopfschüttelnd, »der hat wirklich BREZELN mitgebracht und keinen Kuchen!«

Emilia, heute drei Jahre alt geworden, packt ihr Geschenk aus, eine Puppe, die sie sich gewünscht hat, und sagt: »Na endlich!«

Weihnachten. In der Küche. Opa macht das Kaninchen bratfertig. Feline (3) fragt: »Opa, essen wir das Eichhörnchen heute?«

Nikolaus zu Jayden (7): »Ich bin den gaaaaanzen Weg vom Nordpol mit meinem Schlitten hierhergeflogen.«
Jayden: »Auch über die Wolken?«
Nikolaus: »Klar, über die Wolken auch.«
Jayden: »Und warum hast du dann nicht Opa mit runtergebracht? Der sitzt doch da oben.«
Nikolaus: »Oh, nee, den hab ich nicht gesehen.«
Jayden: »Ja, dann bring den aber bitte nächstes Mal mit!«
Jayden später zu Mama: »Wenn ich groß bin, kaufe ich mir ein Flugzeug und hole Opa selbst ab. Und dem Nikolaus kannst du eigentlich auch absagen.«

Mama fährt mit Christina an einem Bordell vorbei, das durch bunte Neonreklame hell erleuchtet ist. Christina (5): »Schau mal, Mama, da ist das Christkindchenhaus.«

Weihnachten. Opa zu Jana (6): »Das soll ich dir vom Christkind geben.«
Jana zu Oma: »Der Opa ist doch schon alt. Wieso weiß er noch nicht, dass es das Christkind gar nicht gibt?«

Im September im Supermarkt. Ida (4) beim Anblick der ersten Weihnachtsartikel: »Mami, weißt du, was ich mir zu Weihnachten wünsche?«
Mami: »Nein, noch nicht, was wünschst du dir denn?«
Ida: »Arme, die vom Sofa bis zum Kühlschrank reichen.«

Am Weihnachtsabend beim Geschenkeauspacken ruft Alina (4): »Mama, der Weihnachtsmann benutzt aber das gleiche Geschenkpapier wie ihr!«

Yolanda (6): »Mama, wenn ich zu Weihnachten ein Fahrrad bekomme, hab ich dich sogar immer noch lieber als das Fahrrad …«

Der Mann einer Erzieherin hat langes weißes Haar und einen Rauschebart. Als er in die Kita kommt, um mit seiner Frau zu sprechen, fragt Elisa (4) die Erzieherin ganz erstaunt: »Du, Sabine, was hast duuu denn gemacht, dass der Nikolaus jetzt schon zu dir kommt?«

Papa liest Lisa (6) die Weihnachtsgeschichte mit dem König Herodes vor, der in Bethlehem alle männlichen Kleinkinder umbringen lässt. Anschließend fragt Lisa: »Papa, gibt es auch eine Frau Rodes?«

Noah bekommt zu seinem dritten Geburtstag ein Geschenk von Oma.
Mama fragt: »Und was sagt man da?«
Noah: »Aufmachen.«

Marlene (5) erzählt vom Martinssingen und singt anschließend: »Martin, Martin, Martin war ein guter Mann, zündet alle Kinder an …«

Laternelaufen mit Pferd und Reiter.
Stefan (4): »Das ist aber nicht der echte St. Martin, oder?«
Paul (5): »Nee, der ist doch schon ausgestorben!«

Carmen (6) zur Weihnachtszeit: »Papa, ist Jesus Christus eigentlich der Vater vom Christkind?«

Ben (4): »Das arme Christkind.«
Mama: »Wieso arm?«
Ben: »Das muss an seinem GEBURTSTAG allen anderen Kindern Geschenke bringen und bekommt selber gar nichts …«

Isabella (5): »Mama, der Weihnachtsmann muss ganz schön reich sein.«
Mama: »Warum denn?«
Isabella: »Weil er doch für alle Kinder auf der Welt Geschenke kauft …« Und dann etwas erschrocken: »… Oder klaut der die etwa alle?«

Erzieherin im Kindergarten zur Vorweihnachtszeit: »Also bei mir zu Hause ist noch gar nichts weihnachtlich dekoriert.«
Julian (4) zeigt auf ihre Ohrringe in Weihnachtbaumform: »Aber wenigstens bist du schon schön dekoriert …«

Katharina (4) fragt: »Hat der Weihnachtsmann eigentlich immer die gleiche Unterhose an.«
Mama: »Wie kommst du denn da drauf?«
Katharina: »Na, der hat doch auch immer den gleichen Mantel und die gleiche Hose an.«

Digital Natives

Vincent (6) zeigt auf ein Buch: »Was steht denn da auf dem Rücken?«
Mama erklärt: »Auf der Rückseite steht meistens zusammengefasst, um was es in dem Buch geht, wer mitspielt und so weiter.«
Vincent: »Ach so, das ist dann der Trailer!«

Jamila (2) steht in der Küche, und die Mikrowelle piept. Sie schaut rauf zur Mikrowelle und sagt: »Mama tommt gleich.«

Niklas (8) hat auf dem Tablet Werbung für eine Fitness-App gesehen: »Mama, darf ich mir die runterladen? Damit kriegt man sechs Muskeln im Bauch.«

Jayden (9) und Tyler (7) gucken TV.
Jayden: »Mama, irgendwas stimmt mit dem Fernseher nicht! Hier läuft so ein Action-Film, aber der sieht ganz komisch aus.«
Mama kommt ins Wohnzimmer und sieht, das ein Schwarzweißwestern läuft.

Mama möchte Postkarten aus dem Urlaub versenden.
Nico (5): »Warum schreibst du nicht Whatsapp, ist schneller.«
Mama: »Nee, Whatsapp können die sich nicht an den Kühlschrank hängen.«
Nico: »Doch, ausgedruckt.«

Wenn die Warum-Phase auf »Alexa« trifft ...
Ida (4) fragt Amazon-Alexa: »Alexa, wie werden Windeln gemacht?«
Alexa: »Da bin ich mir nicht sicher.«
Ida: »Alexa, du musst mal zur Schule gehen!«
Alexa: »Da bin ich mir nicht sicher.«
Ida: »Hoffnungslos.«

Mama: »Komm, zieh dich an, wir wollen los, ich muss neue Schuhe für dich kaufen.«
Hendrik (6) genervt: »Oh, bestell die doch im Internet, dann müssen wir nicht raus.«

Damian (4): »Und was haben die Piraten früher auf dem Meer gemacht, wenn ihre Handys keinen Empfang hatten?«

Paul (9) beim Frühstück: »Mama, ich hatte einen tollen Traum!« Ein paar Sekunden später fügt er nachdenklich hinzu: »Nur die Grafik in meinen Träumen ist irgendwie nicht so gut wie bei FIFA 16.«

Mama kommt im Gespräch mit Papa nicht mehr auf den Namen der Schuldirektorin.
Leon (7): »Mama, frag doch einfach Google oder Siri.«

Wenn Josy (5) Fragen hat, kennt sie es, dass die Eltern in einem Lexikon nachschlagen. Als auf eine Frage ihr Onkel antwortet: »Puuuuh … das weiß ich nicht, das müsste man mal googeln.«
Josy (5): »Nein, wir googeln nicht, wir lexikieren.«

Mama und Charlotte (5) sitzen im Auto und warten an einer Ampel. Mama schaut auf ihr Handy. Charlotte: »Mama, ich sag dir, wenn grün ist, du kannst ruhig aufs Handy schauen. Dafür hast du ja ein Kind!«

Mama: »Wenn du dein Zimmer nicht aufräumst, dann stelle ich ein Foto davon ins Internet!«
Josie (6): »Cool! Dann werde ich berühmt!«

Papa zeigt Mia (9) einen Zeitungsartikel. Darin steht, dass immer weniger junge Menschen handwerkliche Berufe ergreifen wollen.
Mia: »Ich auch nicht.«
Papa: »Warum?«
Mia: »Das sind die ersten Berufe, die durch Roboter ersetzt werden.«

Robin (6) kuschelt mit seiner Mama. Er schaut sie mit großen Kulleraugen an und sagt: »Mama … wir zwei sind genauso verbunden wie das iPhone mit dem iPad.«

Till (9) versucht auf seinem Tablet etwas downzuloaden, aber es klappt nicht. Er schreit: »So ein Mist, ich hab doch noch 5 PS frei!« (Er meint MB oder GB.)

Die Lampe funktioniert nicht.
Erzieherin: »Da muss ich 'ne neue Birne reinmachen.«
Samuel (3): »Ja, oder einen Apfel.«

Im Auto. Mama macht das Navi an, diesmal mit Ton.
Jayden (5) schaut ganz verdutzt aufs Radio und fragt:
»Mama? Wohnt die Frau da drin?«

Jaymy (7) muss von der Schule zu Hause anrufen, da eine Unterrichtsstunde ausfällt. Er telefoniert mit Papa. Als er abgeholt wird, erzählt er ganz stolz: »Mama, ich habe Papa angerufen, damit du weißt, dass du mich früher abholen musst.«
Mama: »Ich weiß, mein Schatz, ich stand neben Papa!«
Jaymy: »Das hab ich gar nicht gesehen! Das war ja auch ein altes Telefon und nicht so ein Tablett!«

Vater zur Mutter: »Kommst du Rafael ins Bett bringen?«
Mutter: »Ich fahr noch den PC runter, dann komm ich.«
Rafael (3): »Ich will mitfahren.«

Papa fragt Mama: »Was wünschst du dir denn zu Weihnachten?«
Mama: »Ein Kindle wäre nicht schlecht.«
Noah (4), ganz entsetzt: »Mama, du hast doch schon ein Kind!«

Mama telefoniert mit Oma und fragt Nora (5), ob sie auch mal mit Oma telefonieren möchte.
Nora: »Dann muss ich aber erst mein neues Kleid anziehen, ich möchte hübsch sein, wenn ich mit Oma spreche.«

Aurelia (3) spielt mit Magnet-Buchstaben. Sie holt ein »V« raus und sagt: »Guck mal, eine 2!«
Mama: »Schatz, das ist ein V.«
Aurelia: »Nein, guck doch!« Sie macht ein Victoryzeichen mit Zeige- und Mittelfinger, so zählt sie. »ZWEI!«

Lio (2) streckt vor Amazon-Alexa die Hand aus und fragt: »Alexa, Bonbon bitte?!«

Mama, Papa, Leni (5) und Lisa (4) fahren Zug. Auf der Fensterscheibe sind Piktogramme abgebildet, die darauf hinweisen sollen, dass Telefonieren nicht erlaubt ist.
Lisa sagt: »Hier darf man kein iPhone aus dem Fenster werfen.«

Carlotta (5): »Wie sind die Menschen eigentlich früher ohne Computer ins Internet gekommen?«

Jonas (9): »Wenn ich mal Kinder haben möchte, dann schaue ich mal bei Ebay.«

Andere Länder, andere Sprachen

Im Kindergarten wollen die Kinder absolut nicht hören. Die Erzieherin irgendwann verzweifelt: »Versteht ihr mich nicht? Rede ich Chinesisch?« Da schüttelt die chinesische Bo (4) den Kopf und meint: »Nein, Chinesisch ist das auch nicht.«

Nils (12): »Kein Mensch spricht mehr Latein.«
Sandra (11): »Doch, der Papst redet noch Latein.«
Nils lacht: »Das ist doch kein Latein. Das ist Römisch.«

Niclas (6) fragt: »Wie heißt noch mal Amerika mit Nachnamen? Ach ja … jetzt fällt's mir ein: USA!«

**Karl (7) bekommt seinen ersten Kinderreisepass, und die Dame vom Amt sagt: »Damit kannst du jetzt überall hinreisen, außer nach Amerika oder Thailand.«
Karl antwortet trocken: »Das ist okay. In Amerika ist der doofe Trump, und in Thailand gibt's bestimmt nur Sushi!«**

Oma fragt Fynn (3): »Und was hat dir denn am besten in eurem Urlaub auf Mallorca gefallen?«
Fynn (3): »Die Rolltreppen am Flughafen ...«

Situation in der Arztpraxis. Lisa (3) will nicht hören.
Mama: »Spreche ich eine andere Sprache?«
Lisa: »Ich Deutsch, und du?«

Niklas (5) sieht auf dem Heimweg eine Frau mit Kopftuch und fragt: »Mama, die Frau hat einen Verband am Kopf.«

Tim (4) und Mama auf dem Weg ins Schwimmbad. Eine dunkelhäutige Mutter fährt mit ihrem (ebenfalls dunkelhäutigen) Kind auf dem Rad an ihnen vorbei.
Tim: »Mama, warum sind die denn so schwarz?«
Mama: »Du, die kommen ursprünglich bestimmt von ganz weit her, vielleicht Afrika oder so ...«
Tim völlig perplex: »MIT DEM FAHRRAD?«

Noel (4): »Opa spricht Russisch, und Oma spricht auch Russisch. Aber wir sprechen nicht Russisch.« Dreht sich mit einem verschwörerischen Blick zu Mama: »Mami, du und ich, wir sprechen die gute Sprache.«

Fynn (5): »Mama, die Menschen mit schwarzer Haut sind nicht von hier. Die sind russisch, englisch oder katholisch.«

Im Kindergarten. Kerim und Mert, beide 5 Jahre alt, unterhalten sich darüber, dass sie in der Türkei waren. Eine Erzieherin erzählt, dass sie auch schon mal in der Türkei war.
Mert: »Du warst in der Türkei? … und warum habe ich dich da nicht gesehen?«

Im Kindergarten wird über Herkunft gesprochen.
Niko (4): »Mein Vater kommt aus Deutschland und meine Mutter aus Berlin.«

Liam (5) schreit lauthals durch den Garten.
Papa: »Schrei doch nicht so. Man hört dich ja bis Afrika.«
Liam: »Nee, weil da war ich ja noch gar nicht.«

Tante: »Thailand ist beliebt.«
Keyan (9): »Teiland? Heißt das Land so, weil da alles geteilt wird?«

Niklas (6) spielt mit dem englischen Tiptoi-Buch. Als »Happy Birthday« gesungen wird, sagt er zu Mama: »Mama, ›Happy Birthday‹ geht auf Englisch genauso wie auf Deutsch!«

Liam (3) brabbelt unverständliches Zeug vor sich hin.
Mama: »Was redest du denn da?«
Liam seufzt genervt: »Oh Mama, ich rede Englisch.«

Mama: »Wo kommt deine neue Mitschülerin denn her?«
Cora (6): »Aus 'nem fremden Land, Islamien oder so.«

Die Eltern unterhalten sich, ob sie nach England in den Urlaub fahren wollen. Mario (4) mischt sich ein: »Lass uns lieber nicht nach England fahren.«
Mama: »Wieso?«
Mario: »Da ist es viel zu eng.«

Mama erklärt Luisa (5): »Wir leben in Bayern, und deswegen bist a Bayr.«
Luisa schaut sie an und sagt: »Na, na Mama, i bin koa Bayer, i bin doitsch.«

Mini (4) sieht am St. Patrick's Day eine Gruppe grün angezogener junger Männer, die feiern gehen wollen, und fragt: »Wo gehen die ganzen Jäger hin?«

Edgar und Arthur (beide 7) bauen im Kinderzimmer Türme mit Klötzen.
Edgar: »Ich baue den Eiffelturm von Pisa!«
Arthur: »Der steht doch nicht in Pisa, der steht in der Eifel!«

Der Onkel ist zu Besuch und spricht mit deutlich ostdeutschem Akzent. Nach einiger Zeit fragt ihn Andreas (4): »Du, Onkel? Wieso kannst du gar nicht richtig sprechen?«

Alltag & Sonstiges

Elias (3) sieht zum ersten Mal einen Streitwagen im Fernsehen und fragt: »Mama, warum sitzt der Mann in einer Schubkarre?«

Arthur (7) erklärt dem Übernachtungskind das Haus: »Und hier ist die Toilette, hier kannst du Zeitschriften lesen.«

Beim Neubau des Hauses besteht Elias (4) auf einem Wasserhahn in seinem Zimmer. Seine Begründung: »Ich will ein Wasserbett!«

Das Kind einer Freundin singt total gerne. Heute ist es »Dein Anblick« von der Gruppe Schandmaul. Sie singt also: »Die Sonne, die Sterne tragen Kunde von dir ...«
Die Kindergärtnerin fragt: »Woher hast du das schöne Lied?«
Die Lütte in entsprechendem Ton: »Das ist kein schönes Lied! Das ist Heavy Metal!«

Im Radio wird ein Lied von James Blunt gespielt. Luis (4) fragt:
»Mama, warum singt das eigentlich eine Ente?«

Bestes Sommerwetter. Die Restaurantterrasse ist voller Sonnenschirme.
Miri (3): »Wieso haben die Regenschirme aufgestellt?«

Die Familie fährt an einem Wahlplakat der CDU vorbei. Mia (5) tönt: »Das ist Angela Merkel! Die braucht ganz viele Punkte, denn die will wieder unsere Chefin werden!«

Regenwetter, Klara (4) setzt sich eine Sonnenbrille auf.
Mama: »Ist das nötig? Es regnet doch draußen, siehst du etwa Sonne?«
Klara: »Ich muss die aufsetzen, sonst werden meine Augen nass!«

Anton (5), nachdem er während einer Fernsehsendung auf Toilette musste: »Leider haben wir im Wohnzimmer keine Toilette.«

Kian (6) und Luca (6) unterhalten sich.
Kian: »Kannst du schwimmen?«
Luca: »Ja, ich hab schon Bronze.«
Kian: »Wo hast du das gelernt?«
Luca: »Na, im Wasser.«

Zeitumstellung auf Winterzeit. Niklas (5) schaut zu, wie Mama die Uhren stellt und fragt: »Was machst du?«
Mama: »Ich stell die Uhren richtig. Die sind ja heute Nacht umgestellt worden.«
Niklas, völlig empört: »Wer macht denn so was?«

Madlen (4): »Mama, was machst du da?«
Mama: »Ich schminke mich.«
Madlen: »Als was?«

Emma (4) mit Opa am Bankautomat. Nebenan ist eine Firma. Emma: »Opa, die haben heut ja gar nicht auf.«
Opa: »Heut ist tatsächlich zu.«
Emma: »Ja, die haben ja auch nur Montag, Dienstag und Mittwoch auf.«
Opa: »Sag mal, Emma, kannst du das lesen?«
Emma: »Nö, aber das steht doch da.«

Robin (5) war mit Mama und Papa im Kino. Nach dem Film fragt Mama: »Wie hat dir der Film gefallen?«
Robin: »Super, Mama, der Film war voll gemütlich.«

Osterbesuch bei der Oma (sie wohnt sehr ländlich).
Mama: »Als Kind habe ich hier auch gewohnt!«
Ida (3): »Warum hast du das gemacht? Hier gibt es ja nicht mal Subway.«

Fiete (3) zieht sich die Schuhe selbst an.
Mama: »Fiete, du hast deine Schuhe falsch rum an, du hast Entenfüße!«
Fiete: »Na und? Bin ich jetzt halt eine Ente, quack, quack.«

Benny (6) und Isabell (2) haben Türen, Fenster, Möbel, Wände und den ganzen Fußboden mit Sonnenmilch vollgeschmiert. Als Mama ins Zimmer kommt, begrüßt Benny sie mit der Erklärung: »Ja, Mama, wir wollten nicht, dass die Sachen einen Sonnenbrand bekommen, wenn die Rollos hochkommen.«

Luca (4) geht mit Mama auf Toilette. Mama muss ihren Tampon wechseln.
Luca: »Ich weiß, was das ist.«
Mama: »Was denn?«
Luca: »Always discreet Nasenspray.«

Ava (4) verteilt in der ganzen Wohnung Glitzerstaub und Glitzersterne (mehrere Packungen Bastelsachen). Als Mama nach Hause kommt, und entgegen Avas Erwartung wütend ist, ruft sie: »DIE STERNENFEE WAR DA!«

Nach siebenstündiger Autofahrt in den Urlaub sagt das Navi: »In 200 Metern haben Sie Ihr Ziel erreicht.«
Darauf Felias (4): »Halt die Klappe, wir sind fast da.«

Julie (5) zu Mama und Papa: »Wann können wir mal Fußball spielen, mit Tennisbällen und einem Stock, wo die Bälle dann in ein Loch reingehen?«
Mama und Papa schauen sich fragend an.
Papa: »Meinst du Minigolf?«
Julie: »Jaaa, Minigolf, ich will Minigolf spielen.«

Wir haben Lampen gekauft und ziehen bald in eine neue Wohnung.
Liam (2): »Wir müssen die Lampe aufhängen.«
Mama: »Ja, aber erst, wenn wir umziehen.«
Liam: »Ich will nicht umziehen.«
Mama: »Das dauert noch ein bisschen, bis es so weit ist.«
Liam wartet einen Moment, holt seine Jacke und sagt: »Okay, jetzt ziehen wir um.«

Finn (2) spielt gerne Verstecken, indem er sich ein Tuch, eine Decke o.Ä. über den Kopf zieht. Dann sagt er immer: »Wo bin ich?«, und Mama muss raten, ob er im Keller, im Wohnzimmer etc. ist. Heute zieht er sich das Tuch vom Kopf und sagt: »Mami, ich hab mich gefunden!?«

Jakob (7) spielt mehrere Instrumente.
Opa fragt: »Na, was spielst du denn am besten?«
Jakob: »Playmobil!«

Mama zieht verschiedene Kleider an und ist nicht zufrieden. Emily (3): »Willst du mal ein Kleid von mir haben, Mama? Dann siehst du auch mal schön aus.«

Torben (5) ist mit den Großeltern auf Rügen. Mama am Telefon: »Und, habt ihr auch Wasser da am Strand?«
Torben: »Ja!« Kurzes Schweigen, dann etwas leiser, aber hellauf begeistert: »Und Zitronenbrause haben wir auch!«

In der S-Bahn.
Noel (3): »Wo ist denn der Fahrer?«
Mama: »Dort vorne.«
Noel: »Ich will mal zu ihm hingehen.«
Mama: »Warum denn?«
Noel: »Ich will ihm sagen, dass er am Zoo anhalten soll!«

Simon (5): »Mein Sternbild ist Skorpion.«
Erzieherin: »Weißt du auch, welches Sternbild deine Mama hat?«
Simon: »Die ist Bügelbrett.«
Erzieherin (kann sich vor Lachen kaum noch halten): »Überleg noch mal ...«
Simon: »Ach nee ... die ist Waage, war auch so was aus der Küche.«

Julian (5) zur Erzieherin: »Weißt du, warum meine Hose Löcher hat?«
Erzieherin: »Nein, warum denn?«
Julian: »Das ist modern, und das trägt man jetzt so!«

Mama haut sich den Finger an der Kühlschranktür an und verzieht das Gesicht vor Schmerz. Dadurch fällt ihr Papas Senfglas aus der Hand und geht zu Bruch. Jaymy (7) fängt bitterlich an zu weinen.
Mama: »Das kann mal passieren, dass man sich wehtut. Es ist halb so schlimm!«
Jaymy weint laut: »Papas schöner Senf!«

**Mama mit Tristan (8) morgens an der Bushaltestelle. Er sieht eine Frau mit Minirock und einer Feinstrumpfhose, aber mit dicker Winterjacke und Zwei-Meter-Schal.
Tristan: »Witzig, die hat voll vergessen, eine Hose anzuziehen. Meinst du die merkt das? Ist ja voll kalt.«**

Fabio und Joris (beide 6) spielen Fußball. Fabio schießt gerade das 3:0.
Fabio: »Boah, schon das dritte Tor!«
Joris: »Nee, ich hab die alle durchgelassen, damit du nicht traurig bist.«

Malte (8) zu seiner Schwester Miriam (5): »Wenn es nicht schön wird, kannst du einfach Krickelkrakel drübermalen und sagen, es sei Kunst.«

Carina (12) nimmt im Laden eine Duschvorhangstange und versucht in ein Ende hineinzuschauen. Auf die Frage, was sie da macht, antwortet sie: »Da steht doch Teleskopstange.«

Norah (8): »Mama, du hast dich aber schön geschminkt. Ich schminke mich auch immer gerne – zu Fasching als Clown.«

Rica (4) soll eigentlich schlafen und fängt plötzlich bitterlich und laut an zu weinen. Als Papa fragt, was denn passiert sei, antwortet sie: »Ich hab keinen Führerschein.«
Papa: »Du hast ja auch kein Auto.«
Rica: »Doch!«, und zeigt auf ihr aus Klorollen gebasteltes Auto.

Enya (3) sieht Wahlplakate zur Europawahl und fragt: »Ist ein Zirkus in der Stadt?«

Niclas (5) wird gefragt, wann er denn immer schlafen geht.
Niclas: »Nach der ersten Halbzeit.«
Es ist gerade Fußball-WM.

Morgens beim Anziehen. Ole (6): »Schuhe kann man nicht überall anziehen, den rechten Schuh nur rechts und den linken nur links, Socken schon, die kann man überall anziehen. Socken sind die Genies unter den Anziehsachen.«

Moritz (7) und Sophie (10) unterhalten sich über ihre Schwimmabzeichen.
Moritz: »Mama, hast du mich schon für Silber angemeldet?«
Sophie: »Und mich für Gold?«
Die kleine Benja (4): »Und mich für Pink?«

Ben: »Ich habe jetzt aber keine Lust, traurig zu sein!«

Luis sieht einen Aushang der Polizei mit einem Fahndungsbild.
Luis (5): »Ist schon wieder Wahl, oder warum hängen hier wieder Bilder von Politikern ...«

Luca (5) hat Omas Lesebrille aufgesetzt und sagt: »Oma, deine Brille ist kaputt! Ich hab sie ausprobiert und kann immer noch nicht lesen!«

Mama: »Du, wir gehen heute ins Freibad. Weißt du, was man im Freibad so alles machen kann?«
Fabian (5): »Nach Hause gehen ...«

Sarah (3) hat sich selbst angezogen. Der Pullover ist auf links und dazu noch verkehrt herum.
Mama: »Sarah, du hast den Pullover verkehrt herum angezogen.«
Sarah: »Nein, die andere Seite ist schmutzig.«

Mama will Derrick mit dem Auto zur Kita fahren. Als Derrick (4) draußen überall Eis und Schnee sieht, fragt er: »Können wir überhaupt über den Schnee mit dem Auto fahren?«
Mama: »Ja, das klappt schon, ich hab Winterreifen drauf.« Mama setzt sich ins Auto, aber der Motor startet nicht, da die Batterie leer ist.
Derrick: »Siehste, Mama, hab ich doch gesagt!«

Mama und Julia (4) spielen das Angelspiel, bei dem es unterschiedliche Punkte für verschiedene Tiere gibt. Julia zieht einen Frosch mit zwanzig Punkten, sieht ihn an und sagt: »Eine 4 und eine 0 – fünfzig Punkte für mich.«

Mama und Papa blättern Urlaubskataloge durch. Bei einem Hotel liest Mama vor: »Sauna für Kinder nur von 9 bis 15 Uhr.«
Torben (7), entsetzt: »Müssen Kinder da von 9 bis 15 Uhr in der Sauna sein?«

Mama macht Frühjahrsputz und mistet radikal aus. Kisten, Kleidung und Deko liegen überall auf dem Boden verstreut, alle Schränke in Küche und Wohnzimmer sind leergeräumt. Kirsten (12) kommt von der Schule heim, bleibt im Türrahmen stehen und fragt erschrocken: »Sind wir ausgeraubt worden?«

Mama hat für Rosa (4) Kleidung online bestellt. Als der Postbote das Paket liefert und Mama es auspackt, freut sich Rosa: »Mama, der Postbote hat mir Kleider geschenkt.«

Papa muss in die Reinigung. Mia (10) wartet derzeit im Auto. Papa bringt fünf gebrauchte Hemden rein und kommt mit fünf gereinigten wieder raus.
Mia, erstaunt: »Haben die die jetzt so schnell gereinigt?«

Gero (7) war zum ersten Mal in einem Museum. Mama fragt, was ihm am besten gefallen hat.
Gero, ohne Zögern: »Der Ausgang!«

Tim (5) schaut mit Papa Fußball. Es ist ein recht hart geführtes Spiel mit vielen Fouls. Als wieder ein Spieler am Boden liegt, fragt Tim: »Warum fallen die andauernd hin?«
Mama aus dem Hintergrund: »Das frage ich mich auch immer.«

Svenja (3) kommt mit Papa vom Einkaufen zurück und erzählt: »Papa hat sich neue Schuhe gekauft.«
Mama: »Aha, welche Farbe haben sie denn?«
Svenja überlegt kurz, dann: »Aa-farben.«

Unsere Leseempfehlung

240 Seiten
Auch als E-Book erhältlich

Enno Münster war immer wieder aufs Neue entzückt über die originellen Sätze seiner Tochter Mia und ihrer kleinen Freunde. Also begann er, deren Wahr- und Weisheiten zu sammeln – zunächst nur fürs eigene Album, bald aber ganz öffentlich auf der Website „kinderspruch.de" und der dazugehörigen Facebook-Seite. Das Buch zeigt, wie viel Witz, Fantasie und ungewollte Poesie in den Sätzen unserer Kinder steckt.